消費者庁・消費者委員会
創設に込めた想い

［編著］
元・内閣府消費者委員会事務局長
原　早苗
元・内閣官房消費者行政一元化準備室参事官
木村茂樹

商事法務

はじめに

　2009年9月1日の消費者庁および消費者委員会の創設から、8年が経過した。

　本書は、この消費者庁および消費者委員会創設の背景、理念、経緯を紹介し、創設後の消費者庁等の歩みを振り返ることを目的としている。

　それでは、なぜ今このようなスポットライトを消費者庁等に当てることが必要なのだろうか。本書の執筆者チームを本書の刊行に駆り立てた要因には、つぎのようなものがある。

　第一に、消費者庁創設への動きは、福田康夫元内閣総理大臣がこれを提唱されたことにより大きく動き出したものである。2007年に福田内閣が登場してから今年で10年であり、この節目の年に消費者庁創設の原点を振り返ることは意味のあることだと考えられる。

　第二に、消費者を取り巻く環境の大きな変化が挙げられる。

　2009年の消費者庁設立以後今日までの間に、消費のあり方には大きな変化が見られる。その一例はアマゾン等のネット販売の大幅な拡大であり、個々の消費者の購買行動はこれらのネットワークを通じて膨大なデータとなってクラウド上に蓄積され、分析されてきている。今日、我々がパソコンやモバイル端末に触れるたびに、こうした分析や、さらにはメールの文面などに基づいてカスタマイズされた広告が瞬時に提供されるようになってきている。

　また、シリコンバレーなどを発信源とする新しいテクノロジーの波により、宿泊だけでなくライドシェア等さまざまなシェアリング・エコノミーが日本にも続々と上陸してきているし、金融の世界では、フィンテックと呼ばれる新しいサービスのあり方が続々と登場してきている。

　こうした動きは、一方で消費者の選択の幅を広げ、利便性を向上させるものではあるが、他方で、宿泊施設のシェアリングを巡って最近都市部マンションなどで起きている住民を巻き込んだトラブルや、仮想通貨ビットコインを取引するマウントゴックス社の倒産など、新たな消費者問題を次々と登場させてきている。

　また、2015年12月、パリで開催されたCOP21では、各国が地球温暖化

対策のため削減目標を持ち寄ることによって歴史的な合意が得られ、2016年12月にパリ協定が発効した。最近、トランプ大統領による米国のパリ協定からの離脱宣言など予断を許さない事態は起きているが、地球規模での環境問題解決のためにも、消費者の自覚ある行動が求められている。

　このような、消費者を巡る新たな展開に対応していくために、消費者庁および消費者委員会も創設時の枠組みだけにとどまっていることはできない。消費者庁に求められる新しい役割は何かについて不断の検討が必要であるが、その際に、創設時の理念をしっかりと踏まえる必要がある。例えば、消費者庁は、「消費者利益の重視は企業活動にも活力をもたらす。」という理念に基づいて創設されたものであり、この点は、消費者を取り巻く新しい環境のなかで消費者庁等はどう対応していくかを考える上で依然として重要なポイントであると言えよう。

　第三に、地方創生の流れのなかで、国の行政機関の地方移転の検討が行われてきているが、そのなかで消費者庁の徳島移転構想が検討されてきた。この点に関しては、2017年7月24日、徳島に消費者行政新未来創造オフィスが開設されたところである。この新しいファシリティについては今後の展開を見守る必要があるが、その際、本書に示されている消費者庁設立の原点が見失われることがないよう、本書の執筆者チームとしては望みたい。すなわち、消費者庁は、「政府全体の消費者行政の司令塔」として、「政府全体に横串を通す」省庁として設立されたものであるとの設立の原点は忘れられてはならないものと考えられる。

　本書の出版にあたっては、消費者行政推進会議委員、事務局の有志の方々のご助言をいただいた。消費者庁および消費者委員会の実績の紹介にあたっては消費者庁総務課広報室、消費者委員会事務局には事実の間違いがないか確認していただいた。商事法務の書籍出版部部長岩佐智樹氏、水石曜一郎氏、澁谷禎之氏にも企画、編集などでご尽力をいただいた。

　ご協力をいただいた皆様に心から感謝を申し上げたい。

2017年9月

原　　早苗

木村　茂樹

目　次

第1章　福田康夫元総理　消費者庁立ち上げを語る
　　　──福田康夫元総理へのインタビュー ………… 1

第2章　消費者庁および消費者委員会が設置に至るまで …… 7
　1　福田総理による消費者庁構想の提唱 ……………………… 7
　2　消費者行政推進会議 ………………………………………… 12
　3　消費者安全法──その内容と形成過程 …………………… 38
　4　個別作用法の所管──「取りまとめ」の内容と形成過程 …… 51
　5　法案提出から成立まで──国会審議の概要と修正協議 ……… 60
　6　法案成立から消費者庁・消費者委員会設立まで ……………… 68
（寄稿）消費者庁創設……時代を画する社会改革（消費者行政一元化準備室長としての記憶） ………………………………………… 73

第3章　消費者庁および消費者委員会が取り組んできたこと … 81
消費者庁および消費者委員会が取り組んできたこと（資料）……… 92
　1　消費者行政の基本的な枠組み ……………………………… 92
　2　「地方消費者行政強化作戦」の進捗状況 …………………… 93
　3　地方消費者行政推進交付金の制度概要 …………………… 94
　4　消費者庁が行った法執行・行政処分等 …………………… 95
　5　第3期消費者基本計画（2015年～2019年） ……………… 96
　6　「消費者事故等」と「重大事故等」・「多数消費者被害実態」の関係（消費者安全法に定める消費者事故等の概念図） ……… 97
　7　生命・身体に関する事故情報の集約 ……………………… 98
　8　消費者安全調査委員会が取り組んできた案件 …………… 99
　9　消費者裁判手続法の制度 …………………………………… 100
　10　消費者教育の推進に関する法律の概要 …………………… 101

 11 改正消費者安全法（2014 年 6 月改正） ……………………… 102
 12 課徴金制度の導入（景品表示法の改正） ……………………… 102
 13 消費者契約法の一部を改正する法律 …………………………… 103
 14 食品表示制度 ……………………………………………………… 103
 15 機能性表示食品とは ……………………………………………… 104
 16 消費者委員会の建議・提言・意見の概要と主な成果、諮問に対する
   答申（2017 年 6 月 30 日現在） ………………………………… 105
 17 消費者委員会の下部組織 ………………………………………… 113
 （参考）国民生活センターの動き（発表情報の主なものを中心に紹介） … 115

第 4 章 消費者庁・消費者委員会設立の場に立ち会って
    ――消費者行政推進会議委員の立場から ………… 119

 1 消費者行政の確立 ………………………………………………… 119
 2 消費者庁発足―消費者行政推進会議を振り返って
   ―合言葉は「横串を刺せ！」 …………………………………… 123
 3 思い出の消費者行政推進会議 …………………………………… 126
 4 消費者庁設立への議論に参加して ……………………………… 129
 5 消費者庁創設への思い …………………………………………… 132
 6 消費者問題の流れから見た消費者庁・消費者委員会の設立 … 134
 7 「消費者行政の一元化」の文脈 …………………………………… 139
 8 消費者庁は、日本にデモクラシーを実現する先兵たれ ……… 144

目　次

巻末資料

- 消費者行政推進会議とりまとめ～消費者・生活者の視点に立つ行政への転換～（平成 20 年 6 月 13 日）消費者行政推進会議 ………… 148
- 消費者安全法（平成 21 年 6 月 5 日法律第 50 号・第 171 回国会で成立した制定当初のもの）……………………………………… 182
- 組織形態のあり方と消費者関係法令の整備について（阪田ペーパー）… 194
- 国会において修正された事項 …………………………………… 196

　執筆者一覧 …………………………………………………… 199

第1章　福田康夫元総理　消費者庁立ち上げを語る
――福田康夫元総理へのインタビュー

2016年（平成28年）11月17日、松山健士、原早苗が福田康夫元総理を訪問し、消費者庁創設を決断された経緯などについてお話を伺いました。

――　まずはじめに、福田総理が消費者庁を設立しようと決意されるに至った経緯についてお伺いしたいと思います。

福田　それには長い背景があります。私が官房長官をやっていた2000年頃、薬害エイズの問題がありました。これは、たまたま厚生労働省で職員のロッカーの中から関連文書が見つかって問題になりました。薬害エイズ問題は1980年代から指摘され、解決に20年ぐらいかかりましたが、行政が国民のためではなく、行政のために仕事をしていることを浮彫りにしました。これは、適正な公文書管理の問題にもつながっていきます。

同じく2000年頃、BSE問題がありました。食品の安全について考える食品安全委員会を作るきっかけにもなりました。安全、安全と言いすぎると、消費者は安い輸入牛肉を購入する機会がなくなるわけで、どう折り合いをつけるかが悩ましい。ここのところは、消費者も賢くなってもらわないと困るけれど、供給者と消費者の橋渡しを誰かがする必要があると思いました。

それまで行政が国民の立場、国民生活や消費者の立場に立っているか疑念がありました。それが、決定的になったのが建築士の耐震偽装事件でした。生涯で最も高い買い物は住宅です。それに対して行政は何をしていたのでしょう。

そのときは、国土交通省もよく問題を認識し、住宅基本法を住生活基本法という名の法律に大きく改正しました。言葉が変わっただけのように思うかもしれませんが、根本的に違います。住宅基本法は、住宅を何戸作ればいいかという供給側の立場に立つ法律でした。住生活基本法は、一人ひとりが住む家が住民の立場から考えてどうあるべきか、いまの時代に適合した住まいという考え方です。法律も時代の要請に沿って変えることを学びました。

私はたまたま自民党の住宅土地調査会の会長をしていました。そういう発想

1

の転換の必要性を強く感じ、住宅政策の根本理念を変更しました。

　さらに、2007年（平成19年）8月、安倍内閣のときに年金記録問題という大きな事件が発覚します。若いうちはお金を政府に預け、老後、収入がなくなったときに年金として受け取る制度です。しかし、その記録を紛失したり、誤記したという、あってはならないことが起きたのです。そのとき、国民、消費者の立場に立った考え方や仕組みを行政の中に取り入れることの必要性を痛感しました。

　その上、総理になったとき、パロマガス給湯器の事故、シンドラー・エレベーター事故なども知り、行政の不作為で事故が余計拡がったことも知りました。

　私は総理に就任して、すぐに年金記録関係閣僚会議を開き、12月には、薬害エイズ一括救済法案も国会に提出しました。ところが追いかけるように、中国からの輸入冷凍ギョウザ中毒事件が起こり、何か起こったときに国民の安全を守る組織を整備しなければいけないと感じました。

　いろいろな問題に共通する原因のひとつとして、「タテ割り」行政があります。今の行政は全部ダメという話ではない。「タテ割り」のほうが政府の方針を迅速に下まで伝え、物ごとを進めるには有効な手段です。しかし、タテ割りだけでは国民一人ひとりからすればこんな不便な役所はありません。日常生活では誠に便利な役所でも、何か緊急の事態が起き、複数の役所が関係したときは「タテ割り」では対応しきれません。その結果がこれまでに挙げた事件の要因になっているのです。

―― 総理は就任1か月後に、国民生活センターを訪問されています。歴代の総理で国民生活センターを訪問された方はおられなかったのではないか。異例なことで驚きました。

福田　いろいろな意見がありましたが、"消費者行政"の最前線の現状が実際にどういうことなのかを見てみようということで、併せて港湾の通関における品質検査なども見学しました。これは、その前のいろいろな経験がベースになっている。国民の視点に立った行政はどうあるべきかを考えていたからです。

―― 住生活基本法のようにすべての施策を見直してみようと……

福田　耐震偽装事件や年金記録問題は、国民生活の基本に係る問題です。まさに、国民のことを忘れた行政でした。

　時代が変わって、新しいことを考えなければいけない時期でもありました。戦後、作られた法律はたくさんありますが、戦後復興のために作られています。当時は生産力の強化のために計画的、効率的でなければいけなかった。これは、当然で正しい。

　しかし、時代は変化しています。環境や資源の問題という時代の要請もあり

ました。国内事情から見ても、経済は低成長、人口減少時代に入ることも予測され、戦後一貫しての右肩上がりの経済は見直さなければいけない時期で、内外ともに、いままでの生活の仕方や考え方を考え直すときでした。

―― 国民、消費者の視点からすべての施策を総点検する。それだけでも大変なことですが、福田総理は2008年の通常国会における施政方針演説で「消費者行政を統一的・一元的に推進するための強い権限を持つ新組織を発足させます」と表明されました。このご決断は、どのようにされたのでしょう。

福田 国民に密着した行政は横断的でないといけない。国民にあっちへ行け、こっちに行けとたらい回しをさせてはいけない。それに代わる役割を行政が用意しなければいけない。2007年末から2008年初頭にかけては、必要かなと思いつつも、そこまでしなければいけないか慎重に考えていました。

新しく行政組織を作るのは難しいことです。しかし、年金問題のように国民をバカにしたような行政のあり方をチェックするという発想で、新たな組織が必要とも思いました。

―― 当時の新聞報道などを見ると、一方で行政改革の話もあり、霞ヶ関の官庁の反対もありました。よく消費者庁ができたと思います。

福田 自民党が政治的危機に瀕していたからできたとも言えます。総理に就任した日に記者から聞かれて「断崖絶壁内閣」と言ったものです。そのぐらいの覚悟でしたから、反対はなかった。道路特定財源も廃止しましたが、不思議なくらい反対はなかった。そういう政治状況だった。人間は追い詰められないといいことはやらないのかなとも思いました。

また、中国冷凍ギョウザ事件で危機管理の問題点もよくわかりました。タテ割り行政のために発見が1か月遅れ、対応も遅れ、その分、被害も拡大しました。客観的な道具立てはそろって、機は熟したのです。あのとき何もやらなかったら、それこそどうなっていたかと思います。

―― もうひとつお伺いします。公文書管理や消費者庁の設立を政策の中心に位置づけられたのはなぜでしょう。大変重視し、力を入れて取り組まれました。

福田 私の内閣が抱える最大の問題は安全保障でした。当時、インド洋に海上自衛隊を派遣して給油にあたり、国際協力の役割を果たしていました。これが当時の政治の最大課題でした。さらに当時は、リーマンショックの前夜で、穀物の世界的不足、原油の高騰という大きな問題もありました。

もうひとつ力を入れたのは環境問題です。洞爺湖でのG8サミットやG20で世界の考え方をひとつにまとめることに成功しました。そして、もうひとつが国民のための行政に転換するということでした。

―― 公務員の意識改革の狙いもあったのでしょうか。

福田 そのとおりです。国民に根差した行政の質を高めることに公務員がもう一

度思いを馳せてほしいと思いました。

―― 官庁のタテ割り意識を変えるのは大変なことです。近年、各省庁から内閣府、内閣官房への出向者が増加し、横断的な立場で仕事をする機会が増えています。ただ、内閣の組織が膨らんで、逆に課題になってもいます。

福田　私がいたときは、内閣府もまだ小さかった。いまは、それほどでもない案件まで扱うようになって、結果、組織が大きくなりすぎている。内閣府と同様のことは、消費者庁でも起こるかもしれません。まずは、200人の組織でスタートしてみようということになりました。当初危惧したのは、新しい組織の誕生で生産者が警戒するようになってはダメだということです。互いに協力し合えるような組織にしないといけない。

　日本では消費者行政の意識は乏しかったが、民間の企業でも取組みは遅れていた。最近はそのために組織を変えている企業もあるようだけど。

―― たしかに、以前は消費者からの相談や苦情は後始末的な扱いをされていましたが、最近は、幹部に直結している企業も増えてきています。

福田　それがいい。社会全体が量的なピークに達して、質的にはどうなっていくのかに関心が移っている。そもそもそも日本は、消費者問題の取組みが遅れています。私自身、1950年代、学生時代に勉強したアメリカの経営学でウェイトが高かったのはPR活動や企業倫理でした。当時すでに、アメリカは量的ピークを迎えていて、質的転換を図っていたのです。

―― 1960年代には、ラルフ・ネーダーが『どんなスピードでも自動車は危険だ』を著していました。

福田　それよりもっと前から米国には『コンシューマー・リポーツ』もあるでしょう。それを参考にして企業は事業活動をしていました。

―― いまでも何百万部も定期購読者がいます。自動車や観光ツアーなどの商品テストもしています。職員も何百人もいます。

福田　いまでも続いているのなら大したものだ。アメリカでは、企業は消費者の利益を重視しています。自分の商品が社会に役立つか、そういったものを作らなければいけないと思っています。

―― アメリカの経営を勉強されたことが、消費者行政を考えられる基礎になったのでしょうか。

福田　アメリカではごく当たり前のことでした。日本もいまはそうなっています。問題は、そのような社会の風潮に行政が適応していなかったことです。消費者庁は、新しい社会を作ることを目指す、それを大きな目標とすべきです。消費者も身の回りのことばかりでなく、社会全体を考えてほしいと思います。

―― 消費者庁は創設されて7年経ちました。今後の消費者庁には、どういったことを望まれますか。

福田 行政が国民にいちばん接しているのは、地方です。地方にこそ浸透させてほしいですね。

―― この4月で、全国すべての地方自治体で消費生活センターや消費生活相談窓口が設置されました。いまは、消費者ホットライン188番で近くの相談窓口につながるようになりました。消費者庁設立時に言っていたことが実現しました。

『平成28年版 消費者白書』では、地方消費者行政を特集しています。現状としては、予算措置が減少傾向にあり、消費生活相談員の資格をもった相談員が対応していない窓口もあります。現状を維持していくことにも、やや不安を感じています。

福田 中学や高校では、消費者問題を教えていますか。

―― 中学、高校とも学習指導要領に盛り込まれているため、教えています。先日、高校生に教える機会があったのですが、具体的なこと、いまの話などを織り交ぜると面白がって聞いてくれました。NHK朝の連続ドラマ『とと姉ちゃん』の話やクイズもやってみました。教え手側にも工夫が必要です。

福田 当時、商品テストは、どんなものをやっていたのですか。

―― 『暮しの手帖』の花森安治さんたちが商品テストに取り組んだのは、1954年（昭和29年）からです。当時は、粗悪品も多く、アイロン、トースター、洗濯機などで実使用試験をやっています。実は、1950年（昭和25年）には、主婦連合会が日用品の商品テストをはじめています。真っ黄色のたくあんとか、水増ししたマーガリンとかを取り上げています。

福田 花森さんは面白かったね。米国はともかく、アジアではこの分野の取組みはどうしているだろうか。人口大国で経済拡大の目覚ましい中国の事情はどうでしょうか。経済発展につれ、国民の意識が変わってきていますから、日本と同様のニーズはあると思います。日本は、そういう意味では、アジアのなかでは進んでいるかもしれません。グローバリゼーションのなかで、アジアの国の商品も沢山流通しています。これからは、他の国とどのような協力ができるかでしょう。そういう取組みをやってみてはどうでしょうか。

全く違う話ですが、いま、海外、特にアジアやアフリカに母子手帳を広げることを日本がやっていて、人口が10倍の中国でもやることになりました。日本のシステムは海外では案外評判が良いようです。

―― 日本の母子健康手帳には、乳幼児の事故について書かれたページがあります。消費者庁からの働きかけによるもので、若い親たちが読んでいます。消費者庁が設立されたひとつの成果です。

福田 もっといろいろな分野で国際交流すべきですよ。例えば、通関のときの手続き、水際でどういう扱いをするのか、通関時の検査はものすごい量のなかか

らサンプリングするのですが、これももっと情報交流すべきです。今後の消費者行政では、国際協力が大事でしょう。少しでも良い自由な交易になってほしいです。

—— ところで、消費者庁関連法案が福田内閣で閣議決定され、その後国会に提出されました。民主党は消費者権利院法案を提出していましたが、国会審議をどのように見ておられましたか。

福田 野党は協力的で、基本的には同じ方向だと読んでいました。

—— 話が前後してしまいますが、総理は全施策の総点検を国民生活審議会に指示をされたわけですが、佐々木毅会長をはじめ国民生活審議会の委員は大変だったと思いますが。

福田 すべての法律が国民の立場に立っているかどうかの点検です。結局、国民生活審議会にお願いしました。すべて、住生活基本法の考え方がベースです。

—— 消費者庁の構想が出てきたときに、公正取引委員会の竹島委員長は、公正取引委員会は消費者のための組織であり、消費者行政を担うべきと手をあげられました。しかし、総理が公正取引委員会ではなく消費者庁と考えられたのは……。

福田 新しい組織を作ることに意義があると感じていました。

　当時、経済産業省のもとにあるNITE（製品評価技術基盤機構）を消費者庁に移管するようにと言いました。何のために経産省で所管しているのか、それなりに理屈を持っているのでしょうが、国民生活のためにもう1回、機会を見て考えてみたいと思います。

—— 消費者庁という新しい組織を作ることが、新たな行政をはじめる象徴になると。

福田 国民と役所の意識を変えることが一番です。

第2章　消費者庁および消費者委員会が設置に至るまで

1　福田総理による消費者庁構想の提唱
(1)　相次ぐ消費者問題——消費者庁構想提唱前夜の状況

　消費者問題の歴史は古く、長い。国民のすべては消費者でもあり、したがって、産業化が進み市民社会が成立するところには、さまざまな消費者問題が発生してきており、それに対して、何とか消費者被害の発生を防止していこうという各種の取組みも行われてきた。そのなかにはさまざまな消費者関連法の制定もあれば、NHKのドラマ「とと姉ちゃん」でモデルとされた、「暮しの手帖」による商品テストの試み等もある。

　バブル経済が崩壊した1990年代以降に限ってみても、マルチ・マルチまがい商法による消費者被害の急増があり、また、1995年には、一口サイズのこんにゃく入りゼリーによる窒息事故で乳幼児や高齢者が死亡した事故が、国民生活センターに報告されている。

　2000年代に入ると、雪印乳業食中毒事件（2000年）、ジェット噴流バスでの死亡事故（2000年）、BSE（牛海綿状脳症）発生（2001年）などが起こり、さらに、食品表示の偽装や架空請求、不当請求の被害がこの頃から急増する。

　さらに、2005年頃からは、高齢者の悪質リフォーム被害（2005年）、マンション等の耐震偽装問題（2005年）、シュレッダーによる幼児指切断事故（2006年）、シンドラー社エレベーター事故（2006年）、パロマ工業社製ガス瞬間湯沸かし器の一酸化炭素中毒死亡事故問題顕在化（2006年）、ミートホープ事件などの食品偽装事件の発覚（2007年）などの消費者被害事案が相次いで発生し、国民の間には、自分たちの生活の安心、安全が根底から脅かされているのではないか、との不安感が広がっていった。

このようななかで、2007年9月26日、福田内閣が登場した。上記の事態に対し、福田総理は、11月2日の閣僚懇談会において、国民が日々安全で安心して暮らせるようにしていくため、有識者の意見も参考にしながら、国民生活の基本である、「食べる」「働く」「作る」「守る」「暮らす」、の5つの分野について、消費者、生活者の視点から十分なものとなっているかという観点から、法律、制度、事業など幅広く行政のあり方の総点検を実施すること等を指示している。

　さらに、11月5日の国民生活審議会において、福田総理は、「国民生活の各分野について、国民生活の安全・安心を確保するために、消費者・生活者の視点から十分なものとなっているかという観点から、法律、制度、事業まで幅広く行政のあり方の総点検について御審議をお願いしたいと存じます。」と述べ、同審議会における行政のあり方の総点検を要請している。

　福田内閣によるこのような取組みが始まる一方、2007年12月から2008年1月にかけて、中国産冷凍ギョウザで中毒事故が発生する。この中毒事故は、冷凍ギョウザという消費者にとってきわめて身近な食品で起こったものであるだけに、国民の食の安全に対する不安を一挙に高めることとなった。

(コラム) アポロ計画と消費者庁

　「アポロ計画」と「消費者のための行政」の共通点は何か？
　答えは、「どちらもジョン F. ケネディ大統領により提唱されたイニシアティブである」という点である。
　1961年5月25日、米国議会上下両院合同集会において、ケネディ大統領は、"this nation should commit itself to achieving the goal, before this decade is out, of landing a man on the Moon and returning him safely to the Earth." (我が国は、1960年代末までに、人間を月に着陸させ、かつ安全に地球に戻すという目標にコミットしなければなりません) と宣言した。
　この宣言によって有人月面着陸計画「アポロ計画」がスタートし、1969年6月20日のアポロ11号ミッションによる月面着陸およびその後の地球帰還により達成されることとなる。月着陸船「イーグル」から人類として初めて月面に一歩を記したニール・アームストロング船長は、「これは一人の人間にとっては小さな一歩だが、人類にとっては大きな跳躍である" That's

one small step for [a] man, one giant leap for mankind."」との名言を残している。

　1962年3月15日、同大統領は議会に特別教書を送り、消費者利益の保護を訴えている。その中で、ケネディ大統領は、消費者の持つべき「安全に関する権利（The right to safety）」、「情報を得る権利（The right to be informed）」、「選択する権利（The right to choose）」、「主張を聞き入れられる権利（The right to be heard）」という4つの権利を提唱し、「我々はすべて消費者なのであり、（これらの消費者の権利の実現のための行動、提案は）我々すべての利益になるものなのです。」として、他の利益集団の声と比較して、必ずしも十分に聞き届けられては来なかった消費者の利益を実現するための行政を行うために、議会と政府が協力していくことを求めている。

　ケネディ大統領のこの特別教書により、米国では多くの消費者保護のための立法、施策が行われ、数多くの機関が設立されてきた。

　我が国における消費者庁等の設立は、ケネディ大統領のメッセージから連綿と続く「消費者のための行政」の流れを継ぐ動きである。それは、規模としては200人強の定員の小さな省庁の発足だったかもしれないが、我が国の行政のあり方にとっては、大きな跳躍であったのだ。

(2)　福田総理施政方針演説における消費者庁構想の提唱

　こうした状況のなかで、2008年1月18日、福田総理は第169国会冒頭において施政方針演説を行い、福田内閣が取り組むべき課題の第一として、「国民本位の行財政への転換」を掲げ、以下のように述べている。

「（前略）　国民に新たな活力を与え、生活の質を高めるために、これまでの生産者・供給者の立場から作られた法律、制度、さらには行政や政治を、国民本位のものに改めなければなりません。国民の安全と福利のために置かれた役所や公の機関が、時としてむしろ国民の害となっている例が続発しております。私はこのような姿を本来の形に戻すことに全力を傾注したいと思います。

　今年を「生活者や消費者が主役となる社会」へ向けたスタートの年と位置付け、あらゆる制度を見直していきます。現在進めている法律や制度の「国民目線の総点検」に加えて、食品表示の偽装問題への対応など、各省庁縦割りになっている消費者行政を統一的・一元的に推進するための、強い権限を持つ新組織を発足させます。併せて消費者行政担当大臣を常設します。新組

織は、国民の意見や苦情の窓口となり、政策に直結させ、消費者を主役とする政府の舵取り役になるものです。すでに検討を開始しており、なるべく早期に具体像を固める予定です。」(後略・傍線筆者)

　消費者庁構想提唱の基となった問題意識、そして後に発足する消費者庁の基本的な姿は、この一節にすべて籠められていると言っても過言ではない。
　まず、基本的問題意識として、福田総理は、生産者・供給者の立場から作られた法律、制度、行政、政治の転換を訴えている。その中では、「国民の安全と福利のために置かれた役所や公の機関が、時としてむしろ国民の害となっている例が続発しております。」と、それまでの行政のあり方についてきわめて厳しい目を向けている。そして、このような姿を「本来の姿に戻す」ことに全力を挙げるとしている。
　そして、新組織の具えるべきポイントとしては、「各省庁縦割りになっている消費者行政を統一的・一元的に推進する」ための、「強い権限」を持つ新組織であること、その新組織を担当する消費者行政担当大臣が常設されること、新組織は、「国民の意見や苦情の窓口となり、政策に直結させ、消費者を主役とする政府の舵取り役になる」ことが明確に示されている。こうした点は、後に述べるように、実際に発足した消費者庁および消費者委員会において、すべて実現されることになる。

(3)　消費者庁構想の歴史的意義とは
　ここで、福田総理による消費者庁構想の歴史的意義について何点か考察しておくこととしたい。
　まず第一に、福田総理による消費者庁構想は、ケネディ大統領による消費者のための行政の提唱以来の流れを踏まえた骨太の構想であるという点が挙げられる。福田総理が在任中に提唱した構想としては、他に国立公文書館の整備があるが、これも、1776年の独立宣言を保管していることで知られる米国ワシントンDCのナショナル・アーカイブに見られるように、国家の重要な文書を保管し後世に残すことの重要性を踏まえた、一見地味ではあるが骨太の歴史観に裏打ちされた構想である。
　第二に、「生産者・供給者の立場から作られた法律、制度、行政、政治の転換」を訴えたことの革新性が挙げられる。福田総理の別の言葉を借りれ

ば、「産業育成庁はもう古い、これからは消費者庁が必要だ」という発想の転換、すなわち、明治の殖産興業政策以来の産業の健全な発展（およびそのための規制）という産業中心の行政から、消費者の利益を中心に据える行政への、180度の目線の大転換である。

同様に、省庁ごとの責任分野をできるだけ明確に区分して、特定の分野については特定の省庁のみが担当することとするという「縦割り行政」を中心として組み立てられてきた我が国の行政組織に対して、消費者の視点から数多くの省庁の担当分野に「横串」を刺し、「消費者行政の司令塔」として機能する新しいタイプの省庁としての消費者庁を提唱したことも、きわめて革新的であったといえる。

第三に、2008年の消費者庁構想提唱から今日まで我が国企業に起こったさまざまな事象を踏まえると、この構想の先見性も見えてくる。

ここ数年、日本企業による不正会計やデータ偽装等の不祥事が起きているが、それぞれの第三者委員会による調査等により明らかになったのは、企業内の「身内の論理」を優先するあまり、それ以外のステークホルダーの存在が極めて軽視されていたという事態である。

「企業中心の行政」から「消費者中心の行政」への転換とは、企業が自分たちの論理、供給側の論理だけで物事を考えるのではなく、企業にとって最大の普遍的ステークホルダーである消費者の側に立って物事を考えようという動きであり、これは、企業にさまざまなステークホルダーの利益を勘案した経営を求めるコーポレートガバナンスの発想と根を同じくするものである。そういう意味においても、消費者庁構想はきわめて先見性に富むものであったといえよう。現在金融庁を中心として進められているコーポレートガバナンス向上の動きは、やや株主という特定のステークホルダーの利益に集中して捉えられている傾向が見られるが、今後は、より広く消費者というステークホルダーの利益も取り込んだ方向での動きが期待されるところであり、消費者庁と金融庁が共同してコーポレートガバナンスの向上に取り組んでいくことが望まれる。

最後にやや違う視点となるが、消費者庁創設に向けた動きは、1955年体制以来長く政権与党の座にある自民党が幅広くリベラル勢力と共同したきわめて稀有な例であるという点が挙げられる。ケネディ大統領によって米国で消費者保護政策が提唱されて以降、消費者のための行政組織を日本でも持ち

たいとの願いは、消費者団体や人権派と呼ばれる弁護士等、いわゆるリベラル勢力によって持ち続けられてきたものであった。ここに答えたのが福田総理による消費者庁構想であり、これらの人々は消費者庁設立に向けての政府の最大の支持勢力となった。

このように、福田総理による消費者庁構想の提唱は、ご本人の意思がどのようなものであったか、あるいはその後政局がどのように展開したかは別として、自民党による中道、リベラル方向へのスイングのひとつの動きであったと言えるのではないだろうか。

> **(コラム) 議員会館前での出来事**
>
> 　2008年末のことだったと思う。筆者は当時、消費者庁設立準備のために内閣官房に設けられた消費者行政一元化準備室に財務省から出向し、設立作業に当たっていた。
> 　法案を国会に提出し、審議入りを待つある朝、私は残業続きで睡眠不足の眠い目をこすりながら、国会裏の歩道を歩いていた。通りをはさんだ向かい側には議員会館があり、その前でのぼりを立てた一群の人々がビラを配っている。私にとって、1982年の入省以来、国会周辺で見慣れた光景であった。
> 　ところがつぎの瞬間、その一群の人々が私に向かって手を振り、「木村さーん！」と呼びかけてくるではないか。彼らは、消費者庁法案の審議を一刻も早く始めてください、一刻も早く成立させてください、と国会議員の方々に訴えかける「ユニカねっと」の人々だったのである。私は当時すでに霞ヶ関経験25年を超えていたが、議員会館の前でのぼりを立ててビラ配りをしている方々から手を振られたのは全く初めての経験であった。そうと気付いた私が、「頑張ってくださーい！」と手を振りかえしたのは、言うまでもない。
> 　また、別の機会に、消費者団体等が主催する会合で法案の内容等について説明をしたところ、会合の最後に他の参加者と一緒にステージに上げてもらい、「頑張ろう！」のシュプレヒコールと共に拳を突き上げたこともあった。これも、私にとって役人生活で初めての出来事であった。

2　消費者行政推進会議

(1) 政府部内での検討が始動

「すでに検討を開始」しているとの福田総理所信表明演説の文言にも表れ

ているように、政府部内での検討が、主に内閣府において開始されていた。

その過程においては、当初から独立した省庁を作るという考えに一致していたわけでは必ずしもなく、内閣府の国民生活局を強化し、調整機能を強化するといった案も有力であった。しかし、福田総理は、消費者の利益を守るためには独立した新しい省庁が必要である、との思いを当初から強く持っていたのであり、施政方針演説における、「強い権限を持つ新組織を発足させます」との言葉は、総理の強い決意がこめられたものであった。この言葉により、政府はある意味退路を絶たれたのであり、独立した省庁としての消費者庁設立への動きは、福田総理の強い意志とリーダーシップによって決定づけられたものと言える。

こうした政府部内検討の結果、消費者庁構想の具体化に向けた有識者の議論の場としての消費者行政推進会議の設置が決まり、その事務局となり、また、将来の法案準備等を担うプロジェクト・チームとしての消費者行政一元化準備室が2008年2月6日内閣官房に設置された。また、「消費者行政を統一的・一元的に推進するための企画立案及び行政各部の所管する事務の調整担当」の大臣(以下「消費者行政推進担当大臣」)として、岸田内閣府特命担当大臣が任命された。

消費者行政一元化準備室の発足に当たっては、福田総理、岸田大臣による事務局看板かけが行われ、筆者を含む事務局一同に対し、福田総理からの訓示もいただいた。一見華々しい船出ではあったが、内実は、首相官邸の向かいにある内閣府本府一階にある15畳ほどの大きさの小部屋に事務机とコピー機を運び込んでの発足であった。北側に面した事務室は大変寒く、石油ストーブを持ち込んで毛布にくるまりながらの仕事開始であった。

(コラム)「シン・ゴジラ」の「巨災対」と「消費者行政一元化準備室」

2016年の大ヒット映画「シン・ゴジラ」(総監督・脚本　庵野秀明)には、突如出現した巨大不明生物対策のために内閣官房に急遽設けられた「巨大不明生物特設災害対策本部」、略して「巨災対」が登場する。ここには、さまざまな省庁出身の中堅官僚が集まり、それぞれの経験、知識、ネットワークを活用しながら、共通の目標に向かって一つのチームとして働く姿が描かれているのだが、映画館でこのシーンを見た私には、「巨災対」と「消費者行

政一元化準備室」がダブって見えて仕方がなかった。
　内閣官房にこういったプロジェクト・チームが設けられるときには、まずコピー機が持ち込まれるのが通例だが、巨災対も消費者行政一元化準備室も、確かにコピー機の運び込みから活動が開始されていたし、消費者行政一元化準備室には、内閣府、公正取引委員会、金融庁、法務省、総務省、農林水産省、厚生労働省、国土交通省、経済産業省、財務省と、霞ヶ関のほとんどの省庁出身の中堅、若手が集まって仕事をしていた。私の役回りは、この混成チームの取りまとめ役、総括課長的な役割であったが、各省庁からのメンバーたちが、それぞれの出身省庁のためではなく、消費者庁創設という共通の困難な目的のために力を合わせ、文字通り寝食を忘れて働いてくれる姿には、いつも感謝し、感嘆していたものである。当時のメンバーに、改めて御礼を言いたい。このチームが無ければ、消費者庁設立までの道のりはずっと困難なものであったに違いない。

(2)　消費者行政推進会議と「取りまとめ」──内容と背景

　消費者行政推進会議（以下「推進会議」）は、2008年2月8日の閣議決定によって、「各省庁縦割りになっている消費者行政を統一的・一元的に推進するための、強い権限を持つ新組織の在り方を検討し、その組織を消費者を主役とする政府の舵取り役とする」との趣旨で、内閣総理大臣が開催する有識者の会議として創設されたものであり、その検討事項としては、「(1)消費者行政を統一的・一元的に推進するために必要な権限、(2)所掌事務及び組織形態（消費者行政を担当する大臣の常設化を含む）、(3)消費者にとってわかりやすい窓口」とされた（閣議決定の全文については http://www.kantei.go.jp/jp/singi/shouhisha/konkyo.html 参照）。

　推進会議の委員の方々は以下のとおりであり、学識経験者、消費者団体関係者、弁護士、マスコミ、産業界等から幅広い有識者の方々によって構成されている。

消費者行政推進会議　名簿
　　　　　　　　　　　（敬称略、50音順）
座長　佐々木　毅　学習院大学法学部教授
　　　川戸　惠子　ジャーナリスト
　　　阪田　雅裕　弁護士（前 内閣法制局長官）

```
佐野真理子  主婦連合会事務局長
島田  晴雄  千葉商科大学学長
中村  邦夫  松下電器産業株式会社代表取締役会長
中山  弘子  新宿区長
林    文子  日産自動車株式会社 執行役員
原    早苗  金融オンブズネット代表
松本  恒雄  一橋大学大学院法学研究科教授
吉岡  和弘  日本弁護士連合会消費者問題対策委員会委員長、弁護士
                                          以上11名

                              （平成20年6月13日現在）
```

　政府側からは、福田総理をはじめとして、町村官房長官、岸田消費者行政推進担当大臣も、以下に紹介する「取りまとめ」決定までのすべての会議に欠かさず出席されていた。

　推進会議の審議経過は http://www.kantei.go.jp/jp/singi/shouhisha/kaisai.html で見ることができるが、2月12日の第1回会合から、6月13日の第8回会合で「取りまとめ」を決定するまでは、平均2週間に1回のハイペースで審議が進んでいたことがわかる。しかも、3月、4月には、推進会議の本会議と並行して、委員によるワーキンググループが計4回開催され、経団連等経済三団体からのヒアリングと、消費者行政に関係する10の関係各省庁等から所管する法律等についてヒアリングを実施し、推進会議の議論に反映されている。

　筆者は、推進会議の事務局を務める内閣官房消費者行政一元化準備室の参事官として、推進会議のすべての議論を傍聴し、また、議論の内容について報道各社に各会合後速やかにブリーフする役目を負わせていただいたが、そうした立場からの個人的感想として、何点か書き残させていただきたい。

　第一に、この会議では、各委員の方々によるきわめて活発かつ実質的な議論が行われたのであり、政府が設ける有識者会議に世間一般の方々が持たれるような、また、一部は実態としてもそうであるような、会議が始まった時にはもう詳細まで結論が事務方によって用意されていて、会議はそれを粛々と追認するだけ、といったものとは全く様相を異にしていたということである。後にも消費者安全法の形成過程などをご紹介するが、「消費者のための

強い権限を持った新組織」の具体的なあり方や機能については、推進会議委員の方々のご議論と、福田総理の強い思い、そして、事務局と他省庁も含めた多層的なディスカッションによって、段々に形成されていったものである。消費者庁という「仏」を作り、さらに「たましい」まで入れ込んでいったのは、紛れもなく推進会議の委員の方々の議論と、関係者の粘り強い努力である。

　第二に、各委員の方々は、消費者団体、産業界、マスコミ等それぞれのバックグラウンドにおける経験を踏まえつつも、決して一定の団体的利益の代表者としての議論をされることはなく、個人としての信念と見識に基づいて発言されていたということである。例えば、産業界出身の委員の方々も、実際に経済の第一線で消費者の方々に直接触れあわれた経験、あるいは過去において痛ましい消費者事故を引き起こしてしまった痛切な反省に基づいて、純粋にどのようにしたら消費者にとってより良い社会を作ることができるのか、という一点のみに基づいて発言されていて、業界利益代表的な発言は一切なかったと筆者は感じている。

　第三に、福田総理の強いコミットメントが、推進会議の議論を著しく活性化し、支えていたということである。先に紹介したように、福田総理はきわめて多忙なスケジュールのなかで、在任中のすべての推進会議に最初から最後まで出席された。会議の場では、できるだけ委員の方々に活発な議論をしていただくために、基本的には聞き役に徹しておられたが、その間も自ら詳細なメモを取りながら、議論に耳を傾けておられた。そして、ここぞ、というポイントで、それまでの議論の流れを受けて、今後進むべき骨太の方針をご自身でも示され、それが推進会議の議論を前に進める上で、非常に強い推進力となった。その代表的なものが、推進会議での議論も佳境に入ってきていた４月23日の第６回会合に、「このあたりで、私なりの新組織についての考え方を申し上げたほうが、取りまとめの役に立つと思い、一言申し上げたい。」として示された、「消費者庁（仮称）の創設に向けて」と題する総理作成ペーパーであり、そのなかでは、消費者庁を創設する上での基本方針および守るべき原則が余すことなく網羅されている。全文、以下のとおりである。

消費者庁（仮称）の創設に向けて

平成20年4月23日

＜6つの基本方針＞
1. 消費者の視点から政策全般を監視し、「消費者を主役とする政府の舵取り役」となる消費者庁（仮称）を創設する。消費者庁は、商品・金融などの「取引」、製品・食品などの「安全」、「表示」など、消費者の安全安心に関わる問題を幅広く所管する。

2. 消費者庁を、一元的な窓口機能、企画立案、法執行、勧告などの機能を有する消費者行政全般についての司令塔として位置づける。

3. 消費者に身近な問題を取り扱う法律は、消費者庁に移管することとし、その他の関連法についても、消費者庁が強い勧告権を持つ司令塔として関与できるようにする。また、すき間への対応や被害者救済を視野に入れた新法の検討を進める。

4. 消費者庁の創設と併せて、地方の消費者行政の強化に向けて、地方の窓口の一元化、関連行政機関の情報の集約などを進めるために、法的な措置を含めて抜本的な対策を講ずることとする。

    また、地方分権を基本としつつ、地方の消費者行政の立て直し・強化のために、当面、国が講ずべき支援策のあり方について検討する。

5. 消費者庁の設置に当たっては、行政の肥大化との批判を招かぬよう、法律、権限等を移管する府省から機構・定員を振り替えることを原則とする。また、消費者庁の運営に消費者の意見が直接届く仕組みを検討する。

6. 来年度から消費者庁を発足させることとし、必要な予算等の要求、法律案等の準備を進める。また、消費者庁の円滑な発足のためにも、所要の体制整備を行い、今年度中に前倒しして実施できることは、早急に着手することとする。

＜守るべき3原則＞
1. 第一は、「国民目線の消費者行政の充実強化は、地方自治そのものであることを忘れてはならない」ということ。

　　　　消費者の声に真摯に耳を傾け、それに丁寧に対応していくということは、地方分権の下で、地方自治体が地域住民に接する姿勢そのものであり、国民目線の消費者行政の推進は、「官」主導の社会から「国民が主役の社会」へと転換していくことでもある。

　　　　霞が関に立派な「消費者庁」ができるだけでは何の意味も無く、地域の現場で消費者、国民本位の行政が行われることにつながるような制度設計をしていかなければならない。

2. 第二は、「消費者庁の創設は、決して行政組織の肥大を招くものであってはならない」ということ。

　　　　消費者の立場に立って強力な指導力を発揮する、機動的で賢い組織作りを目指していただきたい。消費者行政を総合的に取り扱う行政組織を作るということは、むしろ、各省の重複や、時代遅れの組織を整理することにもつながるものでなければならない。

3. 第三は、「新たな消費者行政の体制強化は、消費活動はもちろん、産業活動を活性化するものでなければならない」ということ。

　　　　消費者の利益にかなうことは、企業の成長をもたらし、産業の発展につながるものである。

　　　　今後の消費者行政は、消費者に安全安心を提供すると同時に、ルールの透明性や行政行為の予見可能性を高め、産業界も安心して、新商品や新サービスを提供できるようにしなければならない。

　上記のような議論を経て 2008 年 6 月 13 日の推進会議において決定され、福田総理に提出された「消費者行政推進会議取りまとめ　～消費者・生活者の視点に立つ行政への転換～」(http://www.kantei.go.jp/jp/singi/shouhisha/dai8/siryou1.pdf。以下「取りまとめ」）は、消費者庁設立に向けての提言をきわめて網羅的かつ具体的に示したものであり、この内容がほぼそのまま「消費者行政推進基本計画」（以下「基本計画」）として閣議決定（http://www.kantei.go.jp/jp/singi/shouhisha/kakugi/080627honbun.pdf、2008 年 6 月 27 日）され、それに基づいて法案化の作業が政府において行われて、「消費者庁関連3法案」として国会提出され（2008 年 9 月 29 日）ている。

この、「消費者庁関連3法案」は、衆議院における修正を経て、衆参両院で全会一致で可決・成立し、これに基づいて2009年9月1日に消費者庁が設立された。衆議院における修正は、主に消費者委員会の位置づけ、機能、名称等に関するものであり、それ以外の部分はほぼ政府案の内容が成立している。このように、「取りまとめ」の内容は、その後の消費者庁の内容をほぼすべて表していたものである。

　そこで、本稿では、まず「取りまとめ」の内容を詳細に紹介し、そのなかで適宜実際の法案にそれがどのように反映されているかも解説する形で、消費者庁の全体像を読者にご紹介することとしたい[注]。

　その過程で、推進会議や事務局における消費者庁の検討は、どのような論点について、どのような流れで検討が進められていったのか、また、消費者庁関連法の核ともいうべき消費者安全法はどのようなプロセスを経て形成されてきたのか、さらに、消費者庁にどの作用法を各省から移管するかはどのように決定されていったのかといった点については、特に焦点を当てて解説を試みたい。

　なお、「取りまとめ」については巻末に転載するので、適宜参照しながら読み進めていただければ幸いである。また、以下の記述のなかで、特に「取りまとめ」の内容や、消費者安全法案の内容およびその形成過程、さらに個別作用法の移管の経緯等についての記述のうち、意見にわたる内容は、筆者が内閣官房消費者行政一元化準備室において消費者行政推進会議の事務局の一員を勤めさせていただいた経験に基づく個人的見解であることを予めお断りしておきたい。

(注) 消費者庁および消費者委員会設置に関連する法案、法律の変遷について
　　消費者庁および消費者委員会の設立に関連する法律は、以下のような変遷をたどっており、第2章における記述がどの法案、法律のどの段階のものを指しているかは、その都度明らかにしている。これらのうち、消費者安全法については、制定当初の条文（2の③）を巻末資料として掲載したが、その他の法案、法律の各段階での条文については、以下のリンクから参照されたい。

　1　政府が当初第170国会に提出した法案
　　①　消費者庁設置法案
　　　http://www.shugiin.go.jp/internet/itdb_gian.nsf/html/gian/honbun/

        houan/g17005001.htm
      ② 消費者庁設置法の施行に伴う関係法律の整備に関する法律案
        http://www.shugiin.go.jp/internet/itdb_gian.nsf/html/gian/honbun/
        houan/g17005002.htm
      ③ 消費者安全法案
        http://www.shugiin.go.jp/internet/itdb_gian.nsf/html/gian/honbun/
        houan/g17005003.htm
  2 国会における修正を経て、第171国会で成立した制定当初の法律
      ① 消費者庁及び消費者委員会設置法
        http://www.shugiin.go.jp/internet/itdb_housei.nsf/html/housei/
        17120090605048.htm
      ② 消費者庁及び消費者委員会設置法の施行に伴う関係法律の整備に関する法律
        http://www.shugiin.go.jp/internet/itdb_housei.nsf/html/housei/
        17120090605049.htm
      ③ 消費者安全法
        http://www.shugiin.go.jp/internet/itdb_housei.nsf/html/housei/
        17120090605050.htm
  3 制定後の改正を経た現行法律
      ① 消費者庁及び消費者委員会設置法
        http://law.e-gov.go.jp/htmldata/H21/H21HO048.html
      ② 消費者安全法
        http://law.e-gov.go.jp/htmldata/H21/H21HO050.html

(3) 「取りまとめ」の構成
　「取りまとめ」は、以下のような構成となっている。

---

1. はじめに
2. 新組織が満たすべき６原則
3. 消費者が頼れる分かりやすい一元的な相談窓口の設置
    (1) 一元的な相談窓口の設置
    (2) 国、地方一体となった消費者行政の強化
4. 消費者庁（仮称）の設置とその機能　〜消費者庁は、政策全般を監視するための強力な勧告権を持つとともに、消費者に身近な問題を取り扱う法律を幅広く所管・共管〜
    (1) 消費者庁の設置と組織法

(2)　情報の集約分析機能、司令塔機能
　　(3)　消費者被害の防止やすき間事案への対応等のための新法
　　(4)　個別作用法の所管
　5.　消費者庁の体制の在り方
　　(1)　内部組織の在り方
　　(2)　消費者政策委員会（仮称）の設置
　　(3)　消費者庁の規模
　6.　消費者庁創設に向けたスケジュール　～来年度から消費者庁を発足～

　まず、「1. はじめに」で、消費者庁創設の基本哲学を示し、「2. 新組織が満たすべき6原則」では、それまでの消費者行政の問題点を踏まえた上で、それを抜本的に解決するための諸原則を明示している。
　そして、「3. 消費者が頼れる分かりやすい一元的な相談窓口の設置」で、消費者庁の耳となり目となる地方の消費生活センターのあり方から説き起こし、「4. 消費者庁（仮称）の設置とその機能」、「5. 消費者庁の体制の在り方」で、中央省庁としての消費者庁の機能と体制を提示、そして「6. 消費者庁創設に向けたスケジュール」で、来年度から消費者庁を設置すべきとして、政府に明確なタガをはめている。
　この構成自体が、消費者庁設立に向けた思考経路を良く表したものである。
　すなわち、「はじめに消費者庁ありき」ではなく、基本哲学の提示、問題点の明確化と解決のための方策の提示によって、まず消費者庁構想の足元をしっかりと固める。そして、消費者に最も身近な存在である消費生活センターのあり方から説き起こし、そして、そこから得られる消費者の声、苦情、情報等を霞ヶ関にあって活かして行く消費者庁のあり方をつぎに示して行く。
　「取りまとめ」の3. には、「霞ヶ関に立派な新組織ができるだけでは何の意味もなく、地域の現場で消費者、国民本位の行政が行われることにつながるような制度設計をしていく必要がある。」との記述があるが、まさにこの一節が示すように、「消費者に身近なところ」から、「消費者が何に困っているのか」をしっかりと見つめ、そこから演繹的に消費者庁のあり方を考えていく、というアプローチが、「取りまとめ」の構成から見ることができると言えよう。

以下、それぞれの項目についてご紹介したい。

(4) はじめに——「行政のパラダイム転換の拠点」、「消費者市民社会構築への第一歩」としての消費者庁創設
　消費者庁設立の基本哲学を提示する「1. はじめに」は、福田総理の施政方針演説や推進会議における各委員の議論等を踏まえ、佐々木毅座長が書き起こされたものであり、筆者が今読み返しても、その格調の高さに圧倒される。読者の皆様も、是非巻末に掲載した「取りまとめ」において、これを通読されることをお勧めしたいが、ここでは何点か特にポイントとなるところを抜き出してご紹介したい。

「消費者行政を一元化するための新組織の創設は、消費者の不安と不信を招いた個々の事件への政府全体の対応力の向上を目指すのみならず、明治以来の日本の政府機能の見直しを目指すものである。」
「（新組織の設立は）政府がこれまでの施策や行政の在り方を消費者基本法の理念である「消費者の利益の擁護及び増進」「消費者の権利の尊重及びその自立の支援」の観点から積極的に見直すという意味で、行政の「パラダイム（価値規範）転換」の拠点であり、真の意味での「行政の改革」のための拠点である。」
「（新組織の継続的な）強化充実のためには消費者の声を真摯に受け止める仕組みの存在と消費者による強力な後押しが欠かせない。消費者がよりよい市場とよりよい社会の発展のために積極的に関与することがあってこそ、新組織はその存在感を高めることが出来る。」
「新組織の創設は、転換期にある現在の行政の関係者が「公僕」としての自らの活動の意味を再考する重要なきっかけを作るものであるとともに、消費者の更なる意識改革をも促すものである。その意味でこの改革は「消費者市民社会」というべきものの構築に向けた画期的な第一歩として位置づけられるべきものである。」

　このように、「1. はじめに」では、消費者庁創設というプロジェクトが、単に新しい省庁を霞ヶ関に一つ作ることに留まらず、行政のパラダイムの一大転換と、真の意味での行政改革の拠点を作ることを意味すると定義づけ、

併せて、この改革は行政側の対応だけでは完遂されるものではなく、消費者サイドからの息の長いサポートを受けて達成されるべき、消費者市民社会構築への第一歩であることを提唱している。

　また、この文中において、「公僕」という語が登場していることも、公務員である筆者には大変印象的であったことを覚えている。「消費者市民社会」に向けての道筋のなかで、自らをいかにして public servant として位置づけていくべきか、という大きな課題をこの文章から貰ったとの思いを強くしたものである。

　ちなみに、推進会議の「取りまとめ」は、ほぼそのままの形で「消費者行政推進基本計画」として閣議決定されたことは先に述べたとおりだが、それはこの「はじめに」の部分も同様であり、先ほどご紹介した行政の「パラダイム転換」、「消費者市民社会」、「公僕」といったキーワードもそのまま政府全体の公式の意思表明としての閣議決定に盛り込まれていることは、我が国の行政の歴史のなかでも特筆に値すると言えるのではないだろうか。

(5)　新組織が満たすべき6原則──従来の消費者行政への反省と、抜本的解決のための諸原則

　「推進会議」での各委員の議論は、これまでの消費者行政の問題点の洗い出しから始まっている。そこから見出された問題点をまとめたのが、「取りまとめ」別紙3「〜これまでの消費者行政の問題点と新組織の創設を通じた対応の方向〜」の、特に左側の「問題点」の部分である。また、別紙4「主な消費者問題と対応の方向」では、当時の主な消費者関連の事件、問題に即して、より具体的に行政の対応の問題点と対応の方向性を提示している（別紙4については巻末資料169頁参照）。

　「取りまとめ」別紙3にまとめられているように、それまでの消費者行政の体制・対応には、複数のレベルにおけるさまざまな問題点が存在していた。

　まず、さまざまな問題が消費者から行政の窓口に寄せられる段階においては、受付等に問題があったり、どの窓口に訴えればよいのか行政の窓口が不明であったり、場合によっては受付を拒否されたり、「ここは担当ではありません」としてたらい回しにされる例が多く見られていた（問題点1）。

　つぎに、何らかの窓口に消費者からの相談、情報が届いたとしても、各省

～ これまでの消費者行政の問題点と新組織の創設を通じた対応の方向 ～

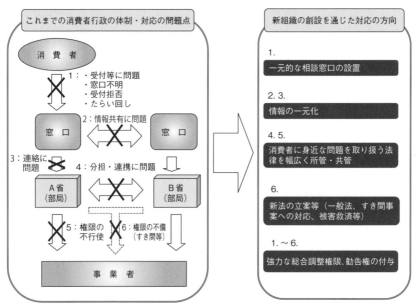

出典：「消費者行政推進会議取りまとめ」別紙３

庁別に縦割りになった行政窓口同士の間では、せっかくの情報が共有されず、問題の全体像がなかなか把握されずに、被害の拡大を招いてしまうケースもまま見られた（問題点2）。

さらに、窓口で把握された情報が迅速に正しく中央官庁の担当部局に連絡されなかったり（問題点3）、複数の省庁の所管にまたがる事案についての省庁間の分担・連携が上手く機能しなかったり（問題点4）することも多かった。

それに加えて、担当省庁がそれに対処する法律上の権限を有しているにもかかわらずそれが行使されないケースも多く（問題点5）、そもそも既存の規制体系では対処する権限が法律上整備されていない、いわゆるすき間事案等について、権限の不備が見られることもあった（問題点6）。

このように、従来の消費者行政の体制では、消費者に関わる事故や問題に関する消費者からの情報が、窓口に伝わり、そこから複雑かつ細分化された行政組織のネットワークをくぐり抜けて、何とか所管省庁による行政処分等具体的なアクションに結び付けられるまでには数多くのボトルネック（隘

路）が存在していたのであり、そのことによって、救済されなければならない消費者問題の被害者の多くが放置され、また、泣き寝入りを強いられてきた、ということが、それまでの消費者行政のあり方に関する最大の反省点であったということは、推進会議の議論を通じての各委員共通のコンセンサスであった。

このような問題点への反省の上に立って、「取りまとめ」はまず、「2. 新組織が満たすべき6原則」で、これらの問題を抜本的に解決するための以下の6つの原則を提示している。

原則1：「消費者にとって便利で分かりやすい」
　上記の問題点から示すように、それまでの消費者行政の体制は、どこに相談して良いのか、誰が担当なのかがわかりにくく見えにくいものであった。その解消のため、「取りまとめ」は消費者にとっての利便性、わかりやすさを新組織の原則の第一に挙げている。具体的には、新組織は、「消費者問題全般にわたり強力な権限と責任を持つとともに、消費者が迷わず何でも相談できるよう一元的窓口を持ち、情報収集と発信の一元化を実現する」ことを求めている。

原則2：「消費者がメリットを十分実感できる」
　また、従来の消費者行政では、行政に頼っても問題が本当に解決されるのか、消費者にとってメリットが実感しづらいものであった。「取りまとめ」では、消費者がメリットを実感できることを第二の原則に掲げ、被害防止や救済に確実に結び付けられる仕組みの構築を求めている。そのために、新組織の担う消費者行政は、商品・金融などの「取引」、製品・食品などの「安全」、「表示」など、消費者の安全安心に関わる問題を幅広く所管することとされ、一元的な窓口機能、執行、企画立案、総合調整、勧告などの機能を有する消費者行政全般についての司令塔として位置づけられている。

　こうした機能を果たすため、消費者に身近な問題を取り扱う法律は、新組織が所管するとともに、その他の関連法についても、新組織が関与することが求められ、すき間事案への対応や横断的な規制体系の整備のための新法の制定が提唱されている。

原則3:「迅速な対応」
　それまでの消費者行政では、消費者問題に対する対応にしばしば遅れが見られ、それが被害の拡大をもたらしてきていた。そのため、「取りまとめ」は、「迅速な対応」を第三の原則に掲げ、新組織が、消費者からの相談や法執行、さらには法律や政策の企画立案に至るまで、「迅速な対応」を行うことを求めている。

原則4:「専門性の確保」
　従来の消費者行政は、各省庁において産業育成的視点とともに行われており、また、各省庁における人事ローテーションから、そもそも消費者関連の仕事に長く従事するということも困難であり、消費者保護のための行政についての専門性は育ちにくい状況にあった。こうした状況に対し、「取りまとめ」は、新組織が各省庁や民間からの専門家の活用を積極的に行うなど、消費者行政に関する幅広い「専門性」を確保・育成することを求めている。

原則5:「透明性の確保」
　従来の消費者行政では、前述したように、情報の伝達が上手くいかない問題点と共に、そもそも行政の運営に消費者の意見を反映させるメカニズムが乏しく、消費者の目から見て遠い存在であり、また、はなはだ不透明であった。そこで、「取りまとめ」は、新組織に消費者の声が直接届くような仕組みを導入することとしており、具体的には、有識者からなる審議会的な機関を設置し、消費者等が新組織や各省庁の消費者行政（企画立案、法執行等）をチェックし、消費者の声を反映させることを求めている。

原則6:「効率性の確保」
　従来の消費者行政では、各省庁に権限、組織が分散していたために、組織・人員の重複や、時代遅れになってしまった体制が温存される例が見られていた。これに対して、「取りまとめ」は、「新組織は、消費者の立場に立って強力な指導力を発揮する、機動的で賢い組織とする。消費者行政を総合的に取り扱う新組織の創設により、むしろ、各省庁の重複や、時代遅れの組織を整理することにつなげる」ことを求めている。そして、「新組織を簡素で効率的な仕組みとするため、例えば、窓口機能、情報収集、法執行を中心

に、地方自治体への権限移譲や関係機関への事務の委任などを進める」としている。

　さらに、行政改革の遂行という観点から、「新組織の創設が行政組織の肥大化を招かぬよう、法律、権限、事務等を移管する府省庁から機構・定員及び予算を振り替える」としている。

　一見さらりと書かれたこの一節は、実際に消費者庁設立の準備を進める担当者には、きわめて重い宿題であった。なぜならば、このことによって、消費者庁の定員、予算を確保するためには、他省庁と交渉して、彼らの既存の定員・予算を削り、これを振り替えるしかないということになり、それは、霞ヶ関の常識においては、まさに非常識な「掟破り」であったからだ。この点については後にも詳述する。

(6) 消費者が頼れる分かりやすい一元的な相談窓口の設置

　消費者庁発足前から、各地方公共団体には、消費者問題に関する身近な相談窓口として消費生活センターが、国レベルでも国民生活センターが設置され、相談員の方々が消費者からのさまざまな相談に対応してきていた。また、地方の消費生活センターに寄せられたさまざまな消費者問題に関する情報を集約するネットワークシステムとしてのPIO-NET（全国消費生活情報ネットワークシステム：Practical-living Information Online Network System）も稼動していた。このように、地方における消費者の相談窓口の整備は一応緒についていたといえる。

　しかし、こうした体制にはいくつもの問題点が指摘されていた。

　第一に、地方の消費生活センターおよびそこで行われる相談事務が法律上きちんと位置づけられておらず、消費生活センターの設置も、地方公共団体の任意に委ねられていた。

　第二に、財政状況が厳しい地方公共団体の多くが、消費生活センター等に十分な予算と人員を充てることができていなかった。

　第三に、消費生活センターの存在自体が国民一般に広く認知されているとはいえず、多くの消費者にとって、実際にどこにどのようにして相談をすれば良いかが必ずしも明らかではなかった。さらには、消費生活センターに寄せられた情報も、PIO-NETの機能的制約や、情報の伝達についてのきちんとしたルールづけがなされていなかったために、十分に活用されていたとは

言いがたい状況であった。

　これらの問題に対して、「取りまとめ」は、まず「一元的な相談窓口の設置」として、以下のことを求めている。

「地方の消費生活センター及び国民生活センターを消費者が何でも相談でき、誰もがアクセスしやすい一元的な消費者相談窓口と位置づけ、全国ネットワークを構築する。」
「一元的な消費者相談窓口に共通の電話番号を設けるとともに、消費者の生命・身体に関わる事故の発生など緊急な対応を要する事案について、全国ネットワークの代表的な窓口が、365日24時間対応し得る体制を構築する。」
「このため、地方の消費生活センターを法的に位置づけ、都道府県等の消費生活センターは中核センターとして、また、市区町村の消費生活センターは消費者に最も身近な最前線の窓口として、新組織、国民生活センターと連携しつつ、ともに一元的な消費者相談窓口として機能する。」

　「取りまとめ」のこうした提言に基づき、消費者安全法において、消費生活センターが行う消費生活相談等の事務は、都道府県および市町村が行うべき事務として明確に位置づけられ（消費者安全法第8条。消費者安全法の条文番号は制定当初のもの。以下同じ）、こうした事務を行うための機関としての消費生活センターについて、都道府県では必ず設置しなければならないことが規定され（同法第10条第1項）、市町村には設置のための努力義務が規定された（同条第2項）。
　また、全国どこにいても消費生活センターにつながる共通の電話番号が、「消費者ホットライン」として消費者庁創設に併せて設けられることとなった。この全国共通番号については、当初から警察（110）、消防（119）なみの三桁番号とすることが模索されたが、技術的な問題等から間に合わず、当初はナビダイヤルを使った0570-064-370で発足し、2015年からは、三桁番号である188での受付が開始されている。これらの番号への相談電話は、基本的には最寄りの地方自治体の消費生活センターにつながることとなっているが、休日等で地方自治体の消費生活センターが閉庁しているときには、国民生活センターに直接つながる仕組みも確保されることとなった。
　つぎに、地方消費者行政をとりまく財政、人員等の厳しい状況に対して

第2章　消費者庁および消費者委員会が設置に至るまで

は、「取りまとめ」は「国、地方一体となった消費者行政の強化」として、以下のように述べている。

「国民目線の消費者行政の充実強化は、地方自治そのものである。消費者の声に真摯に耳を傾け、それに丁寧に対応していくことは、地方分権の下で、地方自治体が地域住民に接する姿勢そのものであり、国民目線の消費者行政の推進は、「官」主導の社会から「国民が主役の社会」へと転換していくことでもある。」
「霞ヶ関に立派な新組織ができるだけでは何の意味もなく、地域の現場で消費者、国民本位の行政が行われることにつながるような制度設計をしていく必要がある。このため、新組織の創設と併せて、地方分権を基本としつつ、地方の消費者行政の強化を図ることが必要である。」
「しかしながら、地方の消費者行政部門の状況をみると、予算は大幅に削減され、総じて弱体化している。地方の消費者行政をこの1、2年の間に、飛躍的に充実させるためには、特に当面、思い切った取組が必要である。」
「地域ごとの消費者行政は、自治事務であり、地方自治体自らが消費者行政部門に予算、人員の重点配分をする努力が不可欠である。」
「同時に、消費生活センターを一元的な消費者相談窓口と位置づけ、緊急時の対応や広域的な問題への対処等のために全国ネットワークを構築することは、国の要請に基づくものであり、法律にも位置づけを行うことを踏まえ、国は相当の財源確保に努める。」

　消費者行政、特に消費生活センターで行われている消費生活相談を、地方自治との関係でどのように位置づけていくか、そして、その位置づけのなかで、どのようにして地方消費者行政の充実を図っていくかは、推進会議の議論のなかでも最も時間を割いて議論された論点のひとつである。
　地方自治法においては、地方自治体の事務を自治事務と法定受託事務の二つに区分している。法定受託事務とは、市町村等が行う事務のうち、国等が本来果たすべき役割に関わるものであって、国等においてその適正な処理を確保する必要があるものとして法令で特に定めるものをいい、法定受託事務以外の事務はすべて自治事務とされている。
　推進会議の議論においても、消費生活センターの事務を自治事務としたの

では市町村等における適正な執行が確保されないのではないか、自治体の首長にまかせっきりでは十分な予算も人員も回らないのではないかとの問題意識から、これを法定受託事務として法律上特に位置づけるべきではないかとの意見もあった。

しかし、これに対しては、以下のような点から、消費生活センターの事務はやはり地方自治法上の自治事務とするべきではないか、との意見も強かった。すなわち、消費生活センターの行う消費生活相談は、それぞれの地方の現場において地域住民に密着する形で消費者の相談を受けるという、最も地方自治らしい事務である点や、法定受託事務として国の権限的関与を強めることは、地域に密着した健全な消費者行政の発展という観点からは望ましいものではない、との点である。そもそも、法定受託事務とは、パスポートの発給、国政選挙に関する事務など、地域ごとに自主性を持って行われたのでは不都合が生じてしまう事務に限定されているものであり、住民の安全に関する重要な事務である消防、警察に関する事務も、基本的には自治事務と位置づけられている。さらに、「地方分権一括法」上も、法定受託事務新設はできる限り行わないこととされていた（地方分権の推進を図るための関係法律の整備等に関する法律附則第250条）。

こうした議論の結果、推進会議としては、消費生活センターの事務は地方自治法上の自治事務とせざるをえない、という結論に至った。そして、自治事務と位置づけた上で、十分とは到底言いがたい地方の消費生活相談事務をいかにして全国的に充実させていくか、という点が課題となった。

この点に関しては、「取りまとめ」の上記の提言を受けて、消費者庁創設に合わせて以下の施策が講じられている。

第一に、先に述べたように、消費生活相談を市町村や都道府県が行うべき事務として消費者安全法上明確に規定することで、従来、法的位置づけが明確ではなく、極論すれば「やるもやらないも首長の胸先三寸」であった完全に任意の事務としての位置づけから、法律上の義務を伴う事務にステイタスをアップグレードした。

第二に、総務省と共同で、地方交付税交付金の算定基礎となる基準財政需要額の積算項目として消費生活センター関連の経費を取り入れることとした。

もちろん、自治事務である以上、これらの措置によって十分な人員が消費

生活センターに配置されることが保証されるものではなく、各自治体に配布された地方交付税交付金から十分な額が消費者行政に充てられることを担保するものでもない。地方自治の世界では、あくまでも最後は個々の自治体次第なのだ。

そこで、第三の措置として、各都道府県に「地方消費者行政活性化基金」が設けられ、国がこの基金に対して「地方消費者行政活性化交付金」を交付する制度が導入された。これは、消費生活センターの新設、強化、消費生活相談員の配置・増員、処遇改善、レベルアップ等消費者行政の強化への取組みに対して、国としても基金への交付金を通じて支援を行っていこうとするものであり、地方における創意工夫を活かすためのメニュー方式を取り入れている。

余談になるが、筆者は、消費者庁関連法案準備の段階において、地方自治体や消費者団体等の主催する消費者庁関連説明会に講師としてお招きいただき、説明をする機会を何度かいただいた。そのなかで非常に多くのご質問をいただいたのが、「中央に消費者庁ができるのは良いが、地方自治体に任せておいて、本当に消費生活センターは充実できるのか？　地方はどこも苦しく、消費生活センターに予算を回す余裕は無いのではないか？」という点であった。こうしたご質問に対しては、私からは上記の点をご説明した上で、以下のように申し上げていたものである。

「おっしゃるとおり、法律上の位置づけをしても、基準財政需要額に算入しても、交付金制度を作っても、個々の自治体の首長さんが動いてくれなければ消費生活センターに予算は回りません。そのためには、各地方自治体の現場において、住民の方々が声を上げ、消費生活センターの充実に向けてプレッシャーをかけ続けていただくことが重要です。」

いささかプロパガンダ的に過ぎていたかもしれないが、その思いは今も変わっていない。地方における消費者行政の充実は、地方自治体の努力と、国のサポートはもちろん重要であるが、各自治体の住民一人ひとりが主体的に希求していくことが何より重要な課題なのだ。

(7) 消費者庁（仮称）の設置とその機能　～消費者庁は、政策全般を監視するための強力な勧告権を持つとともに、消費者に身近な問題を取り扱う法律を幅広く所管・共管～

以上紹介したように、「取りまとめ」は、まず地方の消費生活センターの位置づけ、機能等について足元を固めた上で、つぎに、霞ヶ関に設けられるべき消費者のための新組織の態様と機能に焦点を当てて提言を行っている。

消費者庁の設置と組織法

福田総理の施政方針演説において、「強い権限を持つ新組織を発足」させること、すなわち、既存省庁の一部部局の機能強化のようなものではなく、新しい組織を作ることについてはすでに方針が示されていたが、それがどのようなタイプの組織であるかについてはいくつかの選択肢があり得た。具体的には、「内閣府に置く独立官庁型」とするか、「行政委員会型」とするかであり、前者の例は金融庁、後者の例は公正取引委員会が挙げられるが、これらの実例を見ればわかるように、どちらの形態をとっても、「強い権限を持つ新組織」とすることは可能である。

推進会議では、この二つの形態が、先に紹介した「新組織が満たすべき6原則」に照らしてどのような長所、短所があるかについての論点整理を行っている。

論点整理は、「取りまとめ」の別紙7（新組織の形態に関する論点整理）を参照されたいが、特に「原則2　消費者がメリットを十分実感できる」に関して、消費者基本法等の基本政策の企画・立案ができるか、各省に対する総合調整や勧告の権限を行使して司令塔機能を果たせるか、については、「内閣府に置く独立官庁型」によりメリットがあり、「独立行政委員会型」ではこれらの機能を果たすことは困難であるとの整理がされている。

また、「原則3　迅速な対応」に関しても、「内閣府に置く独立官庁型」が、担当大臣、長官の明確な責任体制の下で、緊急時に迅速な対応が可能となるのに対し、「行政委員会型」は合議制組織であるために責任の明確性や迅速性に課題があるとされた。

他方、「原則4　専門性の確保」および「原則5　透明性の確保」に関しては、どちらの形態でも対応は可能であるものの、「独立行政委員会型」のほうによりメリットがあるのではないか、ともされている。

こうした論点整理の上に立って、「取りまとめ」は以下のように述べて、「内閣府に置く独立官庁型」の組織としての消費者庁を創設すべき、と結論づけている。

「新組織の形態については、各省庁の施策の総合調整や各省大臣への勧告を行うことを可能とし、責任体制を明確にし、緊急時の迅速な対応等を可能とするため、内閣府の外局である「庁」とすることが望ましい。具体的には、「消費者庁」（仮称）（以下単に「消費者庁」という）を設置する。」

なお、ここで「内閣府の外局である「庁」」とされていることに関連して、同じ外局としての「庁」であっても、財務省、経済産業省、国土交通省等の省に置かれる外局としての「庁」と、内閣府に置かれる外局としての「庁」（例：金融庁、消費者庁、防衛省昇格前の防衛庁）では、その機能、位置づけが大きく異なることには留意が必要である。

すなわち、前者はあくまでも各省大臣をトップとする、各省の一部局としての位置づけであるのに対し、後者は内閣総理大臣をトップとする、各省と対等の立場に立った独立した庁としての位置づけであり、それぞれに担当する大臣が置かれている。この違いは、前者の例が国税庁（財務省の外局）、資源エネルギー庁（経済産業省の外局）、気象庁（国土交通省の外局）であるのに対し、後者の例が金融庁や省になる以前の防衛庁であることを見れば明らかであろう。

消費者庁創設と相前後して、観光庁、スポーツ庁が新設されていることから、消費者庁創設は特別なことではないのではないか、との考えをもたれる方もいるが、これは、上記の違いを理解しない誤解である。すなわち、観光庁は国土交通省の、スポーツ庁は文部科学省の外局であり、また、その創設の経緯を見ても、観光庁、スポーツ庁が、ごく限定的に他省庁からの事務の移管もあるものの、基本的にはひとつの省のさまざまな関係部局を束ねてひとつの庁とした、ある省内での機構改革であるのに対し、消費者庁は、多数の省庁から権限、定員、予算を移管してできた、霞ヶ関全体に及ぶ大きな行政改革である。そうした意味で、消費者庁創設に比肩しうるのは、当時内閣府は存在しなかったものの、環境庁、国土庁の創設まで遡らなければならず、また、消費者庁創設後現在に至るまで、内閣府の外局としての庁の新設

は行われていない。

　そして、消費者庁に関する組織法については、「取りまとめ」は以下の提言をしている。

「このため、組織法の中で、内閣府の外局として消費者庁を設置すること、「消費者の視点から政策全般を監視」するため、強力な総合調整権限、勧告権を付与することを規定する。また、既存の法律、新法を問わず具体的な法律案等を含む幅広い企画立案機能を規定する。消費者の目線に立って、各省庁の縦割りを超え幅広い分野を対象とした横断的な新法等を企画立案することは、消費者庁の重要な任務である。さらに、勧告権を実効あるものとするため、充実した調査・分析機能を備える必要がある。

　同時に、消費者行政担当大臣を置くことを明記する。」

　これに基づき、政府が国会に提出した「消費者庁設置法案」（国会審議における修正を経て「消費者庁及び消費者委員会設置法」として成立）では、内閣府の外局として消費者庁を設置し、消費者庁長官をその長とすること（消費者庁設置法案第2条）、消費者の利益の擁護及び増進に関する基本的な政策の企画及び立案並びに推進に関すること等をその所掌事務とすること（同法案第4条）が盛り込まれた。

　また、内閣府設置法において消費者庁等に関する事務に関して内閣府特命担当大臣を必ず置くことを規定し（内閣府設置法第9条、第11条の2）、内閣府特命担当大臣の関係行政機関の長に対する勧告権（同法第12条第2項、第3項、第4項）によって、各省庁に対する勧告権も設置法上規定している。

　なお、「総合調整機能」については、「取りまとめ」では消費者庁の所掌事務として規定することを想定していたが、法案策定作業過程での内閣法制局との協議において、内閣府本体に属する総合調整機能を金融庁、消費者庁等の内閣府の外局が行使するとの規定を置くことは困難であるとの見解が示されたことから、消費者庁創設当初は積み残しの宿題となっていた。この点については、後の内閣府スリム化の過程において実現が図られ、現在では消費者庁及び消費者委員会設置法において、消費者に関する基本的な政策に関する事項等について、消費者庁が「行政各部の施策の統一を図るために必要となる……事項の企画及び立案並びに総合調整に関する事務」を行うことが規

定されるに至っている（消費者庁及び消費者委員会設置法第4条第2項、第3項）。

情報の集約分析機能、司令塔機能

　消費者庁の設置および組織法（設置法）のあり方といういわば容れ物の議論に続いて、「取りまとめ」は、消費者庁がいかにして情報を集約、分析し、それに基づいてどのようにアクションを取り、また、政府部内において消費者行政の司令塔として機能するかについて、詳細な提言を行っている。
　まず、情報の収集、分析については、

「消費者庁は、消費生活センターからの情報、国民生活センターのPIO－NETや事故情報データバンクを通じた情報、さらには関係機関（保健所、警察、消防、病院等を含む）からの情報などを一元的に集約・分析する。また、関係機関等の商品テスト機能を活用し、原因究明を行う。」
「同時に、消費者庁は、事故情報に関する事業者からの報告を受け、調査の上、迅速、的確にそれを公表する。」
「こうした取り組みを通じ、消費者庁は、消費者、事業者、その他の関係者からの情報を集約し、多角的、総合的に事実確認を行う。」

としており、消費者庁が、消費生活センターに寄せられた消費者からの情報に加えて、警察、保健所等他省庁所管の関係機関や商品テスト機関等の試験機関、さらには事故情報に関する事業者からの情報等を一元的に集約し、迅速、かつ多角的に分析することを求めている。
　そして、こうして一元的に集約、分析した情報をもとに、消費者庁が「司令塔」としていかにアクションを取っていくかについては、以下のような多面的、複線的な対応を提言している。

① 　自ら所管する法律により対処可能なものは迅速に対処する。
② 　事業所管省庁による事業者への指導監督等で足りると判断される場合は、所管省庁にその旨を指示する。さらに、必要な場合には、所管省庁への法執行の勧告等を行う。
③ 　複数府省庁が連携して対応する必要があると判断される場合は、連携の在り方を調整し関係省庁に指示する。緊急時には、緊急対策本部を主宰

し、政府としての対処方針を決定し、その実施を促進する。
④　対応すべき省庁が明らかでない場合や緊急の場合等には、後述の新法等に基づき自ら事業者に対して安全確保措置等を促す。
⑤　悪徳商法の拡大や、食品・製品等による消費者の生命・身体への被害の拡大が予想される場合には、原因究明が尽くされる前においても早期警戒警報を流すなど、情報発信機能を担う。
⑥　以上に加え、既存制度のすき間を埋めるための制度の改正や新たな制度の創設も視野に入れる必要がある場合は、消費者庁において必要な措置を検討し速やかに方針を決定する。

こうした対応のあり方について、「取りまとめ」は、「これまで個別事案への対応は、緊急の場合も含め、ともすれば各省庁ごとにそれぞれの所掌の範囲内で縦割り的に処理されてきた」との問題意識を示し、「上記のように、消費者庁が司令塔となり、消費者庁が決定した対応方針に従って政府一体となって対処することにより、迅速な被害の拡大防止、再発防止、被害救済の実現を目指す。」としている。

(コラム)「司令塔」について

　消費者庁は、消費者行政の政府全体の「司令塔」として機能されることが期待されているが、この「司令塔」という言葉は、サッカーの戦術を語る上で良く用いられる語句である。特に日本のサッカー界では、「司令塔」というと、中村俊輔選手に代表されるような、フォワードの一列後ろの中央に位置して、主にパスを出して味方を走らせ、点を取らせるプレイヤー、というイメージが強いようだ。

　しかし、「取りまとめ」で求められている消費者庁の「司令塔」の役割は、ボールを受けて自らシュートを打ちゴールを決めることもあれば（上記①）、ゴールを決めるべきプレイヤーにパスも出し（上記②）、状況を素早く判断して、連携した攻守体制を採るよう味方に大声で指示を出し（上記③）、さらにはゾーン・ディフェンスのすき間をかいくぐって相手がフリーで侵入してきた場合には駆けつけて対応し（上記④）、危機を素早く察知してアラームを発し（上記⑤）、併せて、チームの将来のゲームプランを考える（上記⑥）、という、ストライカー、パサー、ボランチ、リベロ、スイーパー、さらには監

督の役割をすべてこなすようなマルチなタスクが期待されていると言えよう。

(8) 消費者被害の防止やすき間事案への対応等のための新法

　上記のように、「取りまとめ」は、消費者庁が一元的かつ多面的に情報を収集、分析し、その情報に基づいて、多種多様なアクションを起こして消費者に起こるさまざまな問題を解決あるいは予防することを求めている。そして、「さらに、消費者庁の設置に合わせ、消費者からの苦情相談の受付から法執行に至るまでの行政の対応を規定した新法の成立に向けて取り組む必要がある。」として、その一連のプロセスを規定した新法の制定をも求めている。この提言を具体化したのが、政府が国会に提出した消費者庁関連法案に盛られた三つの法案のうちの一つであり、全くゼロから書き起こされた新法である「消費者安全法案」である（他の二本は消費者庁設置法案と消費者庁設置法の施行に伴う関係法律の整備に関する法律案。三法案の関係については後述）。

　「消費者安全法案」は、消費者庁がどのように働くかを、情報の収集から法執行に至るまでのプロセスを追いながら規定するという構成や、いわゆる「すき間事案」に対して、一定の条件のもとで、消費者庁自らが商品の販売禁止まで含む強力な措置を緊急にとり得ることを定めたという点でも、きわめてユニークかつ重要な法律であり、消費者庁が働く上での基幹法となるものである。

　このユニークな法律がどのような背景から生まれてきたかについては、後ほど解説させていただくとして、以下では、同法の内容について、「取りまとめ」の提言と実際の条文を照らし合わせつつ詳しく述べていくこととしたい。

(注) 消費者安全法は消費者庁創設以来数次にわたる改正を経ていくつかの内容が追加されてきている（例：登録試験機関に関わる条文：第11条の9〜第11条の26および消費者安全調査委員会に関わる条文：第15条〜第37条）が、以下では、消費者庁創設当初の法律の姿に基づいて記述させていただく。巻末には、制定当初の消費者安全法を掲示してあるので、必要に応じ、現行の条文と対比しながら参照されたい。

3 消費者安全法──その内容と形成過程

(1) 法律全体の構成、目的規定

制定当初の消費者安全法を、最初から見ていこう。

そこにはまず、「消費者安全法」という法律名に続いて、以下のような「目次」がついている。

```
目次
　第一章　総則（第一条－第五条）
　第二章　基本方針（第六条・第七条）
　第三章　消費生活相談等
　　第一節　消費生活相談等の事務の実施（第八条・第九条）
　　第二節　消費生活センターの設置等（第十条・第十一条）
　第四章　消費者事故等に関する情報の集約等（第十二条－第十四条）
　第五章　消費者被害の発生又は拡大の防止のための措置（第十五条－第二十二条）
　第六章　雑則（第二十三条－第二十六条）
　第七章　罰則（第二十七条－第三十条）
　附則
```

一口に「法律」と言っても、その内容は多岐にわたる。ほんの数条の短いものもあれば、民法、商法のように数百条を超える大きな法律もある。内容のわかりやすさもさまざまであるが、行政のあり方について定めたいわゆる行政法のカテゴリーに属するものは、行政官としてこれまで何本もの法律の制定、改正作業に従事してきた筆者の目から見ても、内容が複雑で、構成もわかりにくいものが多い。

ところが、消費者安全法の場合、この「目次」を見るだけで、法律の全体像がある程度浮かび上がってくる。すなわち、この法律は、消費者の安全、安心を守るための基本方針を政府が策定することを定める（第2章）とともに、その基本方針に基づいて実際に消費者庁はどのように機能するのかという流れ、すなわち消費者事故等に関する情報を、消費生活センターにおける消費生活相談等からどのように収集するか、また、消費生活センターをどのように法律上位置づけるかから始まり（第3章）、それを消費者庁にどのように集約し（第4章）、それに基づいて消費者庁がどのようなアクションを起こして被害の発生、拡大防止のための措置を採るか（第5章）、という一

連の流れを規定した法律となっていることが一目瞭然である。余談であるが、筆者が消費者行政一元化準備室において最初にこの法案の素案を見せてもらった時には、「わかり易い法律ですねぇ。」と思わず感嘆の声を上げたことを覚えている。

目次に示されたこの法律の性格は、以下の第 1 条目的規定からも明らかとなっている。

（目的）
第一条　この法律は、<u>消費者の消費生活における被害を防止し、その安全を確保するため</u>、内閣総理大臣による<u>基本方針の策定について定めるとともに</u>、都道府県及び市町村による<u>消費生活相談等の事務の実施及び消費生活センターの設置、消費者事故等に関する情報の集約等</u>、<u>消費者被害の発生又は拡大の防止のための措置その他の措置を講ずることにより</u>、関係法律による措置と相まって、<u>消費者が安心して安全で豊かな消費生活を営むことができる社会の実現に寄与すること</u>を目的とする。（傍線筆者）

また、第 7 章に罰則を定めた章が置かれていることも、この法律が単なるプログラム法や、政府や業者の努力義務を定めただけの法律ではなく、消費者庁が取る一定のアクション（例：すき間事案に対して消費者庁が業者等に発する譲渡禁止命令等）については、違反すれば罰則が課されるのであり、この法律が、消費者保護のための強力なツールの一つであることを表している。

(2)　基本方針の策定

消費者安全法第 6 条は、内閣総理大臣が、消費者の安全の確保に関する基本的な方針を定めなければならないこと、および基本方針に盛りこむべき事項を定めている[注]。

また、第 7 条において、基本方針に関して、各都道府県知事が、それぞれの現場で得られた消費者関係の知見に基づいて、基本方針の変更を内閣総理大臣に対して提案できることを定めている。第 21 条でも、都道府県知事が内閣総理大臣に対して、消費者被害の発生防止等のために必要な措置を国が

実施することを要請することができる旨の規定が置かれており、消費者行政のベースは地方の現場にあるとの基本的発想に基づいて、従来的な「中央から地方へ」ばかりではない、地方から国へのフィードバックを重要視するこの法律の性格を表している。

(注) 本条に基づいて、消費者庁発足後の2010年3月30日に「消費者安全の確保に関する基本的な方針」が内閣総理大臣決定として定められ、以後数次にわたり改定されている。以下のリンク先を参照。
http://www.caa.go.jp/adjustments/pdf/160401houshin.pdf

(3) 消費生活相談事務の実施と消費生活センターの設置

「取りまとめ」は、新法において定めるべき事項として、第一に「国及び地方自治体が、国民生活センター及び消費生活センターに、消費者が何でも相談できる一元的な消費者相談窓口を設置すること及びその窓口が実施する業務、果たすべき機能を規定する。これにより、消費生活センターを法的に位置づける。」を挙げている。

これに基づき、消費者安全法は、市町村が行うべき事務として、消費者からの苦情に係る相談、あっせん、消費者の安全の確保のために必要な情報の収集および住民への提供等を規定し（第8条第2項）、都道府県についても、同様の事務で広域的なもの、より専門的知見を必要とするものを中心として従事すること、また、市町村間の連絡調整や技術的支援を行うべきことを規定している（同条第1項）。

そして、こうした事務を行うための施設・機関としての消費生活センターを、都道府県においては必ず設置しなければならないことを定め（第10条第1項）、市町村については設置のための努力義務を課している（同条第2項）。

(4) 消費者事故等に関する情報の集約等

つぎに、「取りまとめ」は、新法に規定すべきことの第二のものとして、「消費生活センターで受け付けた苦情相談に関する情報を消費者庁に集約すること、重篤情報は消費者庁に緊急通知することを規定するとともに、消費生活センターと保健所等関係機関の地域における連携について規定する。」としている。

これに基づいて、消費者安全法では、第12条において、消費者事故に関する情報を消費者庁にどのようなルートを通じて、どのような項目について集約するかを規定している。この条文は若干複雑だが、基本的には、

① 消費者事故等発生の情報を得た国の行政機関の長、都道府県知事、市町村長および国民生活センターの長は、その消費者事故の被害がさらに拡大し、あるいは同種・類似の消費者事故等が発生する恐れがあると認められる時には、これを内閣総理大臣に通知する。(第12条第2項)
② 特に重大な消費者事故については、上記の通知は直ちに行わなければならない。(同条第1項)

ことを規定したものである。

この条文について良く聞かれた質問として、「どこにも消費者庁と書いてないが、これでどうやって消費者庁に情報が集約されるのか。」というものがあったが、第12条で通知されるべき先とされている「内閣総理大臣」とは、すなわち消費者庁の主任大臣としての内閣総理大臣であり、この書き方により、消費者庁への通知は法的に確保されている。また、同様の質問として、「この条文には消費生活センターと書いてない。これではせっかく消費生活センターに集まった情報が消費者庁に行かないのではないか。」というものもあったが、上述したように、消費生活センターの事務は都道府県または市町村が行う事務として法律上きちんと位置づけられているので、その最終的な責任者は都道府県知事または市町村長であることから、これらの者が内閣総理大臣に通知する、というルートを法定すれば、消費者庁への通知はしっかり確保されたことになるのである。

この通知の義務は、国の行政機関の長、すなわち基本的には各省大臣にも課されており、このことによって、すべての国の行政機関が消費者事故等について情報を得た場合には、それが消費者庁に通知されなければならないことが担保されている。例えば、保健所を通じて事故について情報が厚生労働省に入った場合には、同省は消費者庁に通知を(重大な場合にはただちに)しなければならないこととされているのである。

また、地域の保健所や警察、消防と国民生活センター、消費生活センター等の連携については別途第4条第5項に規定を置き、こうした連携の促進について国と地方公共団体が必要な措置を講じる努力をしなければならない旨規定している。

(5) 消費者被害の発生または拡大の防止のための措置

　このようにして、さまざまなルートを通じて消費者事故に関する情報が消費者庁に集約されてくる。これをいかに有効に活用して消費者事故の拡大、再発の防止に結びつけるかについて、「取りまとめ」は以下のように提言している。

「さらに、苦情解決のために必要な法執行を確保するため、消費者庁自らが迅速に対応することはもとより、各省庁に迅速な法執行を促す勧告等を行うとともに、すき間事案については、自ら対応することを可能にするために、事業者調査及びその結果の公表、その他の措置をとることを規定する。」

　比較的短い文章であるが、非常に多くの内容を含んでいる。
　すなわち、「必要な法執行を確保するため」の方策として、以下の三つの道筋を用意することによって、消費者事故に対する法執行が漏れなく行われ

消費者庁関連3法案の関係について

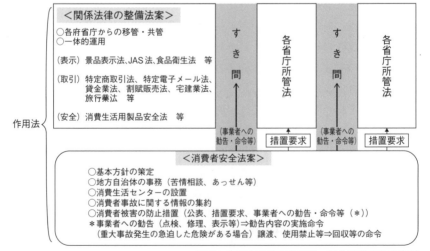

出典：内閣官房消費者行政一元化準備室作成資料

ることを担保しようとしているのである。この三者の関係を図示したものとして、「消費者庁関連3法案の関係について」をも併せて参照されたい。

①自ら法執行　まず「消費者庁自らが対応する」ケースがある。後に紹介するように、各省庁から多くの作用法が消費者庁に移管されることとなったことから、例えば景品表示法違反にあたるような事例では、消費者庁自らが所管することとなった同法を適用し、行政処分を含むアクションをとることになる。

②他省庁に措置要求　しかし、すべての消費者関連法が消費者庁に移管されるわけではなく、多くの法律が各省庁に残されている。例えば、金融商品取引法は、消費者にとっても大いに関係のある金融取引のあり方を規制する法律であるが、消費者庁創設以降も金融庁所管であり、違反行為に対する行政処分も金融庁の手によって行われる。このようなケースについて「取りまとめ」は消費者庁が「各省庁に迅速な法執行を促す勧告等を行う」ことを求めている。

　これを具体化したのが消費者安全法第16条である。同条は、消費者庁に集約された消費者事故に関する情報に関し、その発生、拡大の防止のためにとりうる適切な措置が他省庁所管の他の法律に存在し、その措置を速やかにとることが必要であると認められるときは、消費者庁から他省庁に対し、当該措置の速やかな実施を求めることができる、と規定している。この「措置要求」は、消費者庁の主任大臣である内閣総理大臣から各省庁の大臣に対し公式に行われる非常に重みのあるものであり、しかも、その要求内容は、「業者Aの金融商品取引法B条違反の事案について、同法に定められた営業停止等の適切な措置を要求する」といったレベルの高い具体性を含むものであることが想定されている。さらに、同条第2項では、内閣総理大臣が各省大臣に対してこのような措置要求を行った際には、当該大臣に対して措置の実施状況について報告を求めることができるとの規定も置かれており、要求を受けても各省が放置してうやむやにすることを許さない仕組みも整備されているところである。

　この「措置要求」は、「司令塔」としての消費者庁が各省に対して具体的な行政処分等の措置を採ることを要求していくことを制度化したものであ

り、縦割り行政が支配してきた従来の我が国行政法体系の下ではほとんど前例を見ない画期的な制度である。

　消費者安全法案にこの制度が盛り込まれた際には、その先進性を評価する声もある一方で、「そんな要求を出しても各省庁は従わないのではないか。」との声、また反対に、「そのような強力な制度は、実際には発動することが難しく、抜かずの宝刀になってしまうのではないか。」との声も聴かれた。消費者庁創設以来、この「措置要求」は一度も発動されておらず、確かにこれまでは「抜かずの宝刀」となってしまっている感も否めない。立法作業にかかわった者としては、今後消費者庁がこの「措置要求」の発動に対してより積極的な姿勢を見せることを望みたい。

　ただ、宝刀は抜かれなくても宝刀としての一定の抑止効果は持つというのも真実であろう。消費者庁がこのような強力な武器を持つにいたったからこそ、他省庁も消費者保護のために自ら所管する法律を発動して行政処分を行うことにより積極的になったという効果は出てきているとは言えるのではないだろうか。

③すき間事案への対処　　現代社会においては、日々新たな製品、サービスが生み出され、消費者に提供されている。そうしたなかで、既存の法律が想定していなかったような事故の発生により、消費者の生命の安全が脅かされ、あるいは法規制の網目を掻い潜った新たな手口の悪質商法によって消費者が被害を受ける事態が発生してきている。このようなケースでは、行政当局が消費者事故の拡大、再発を防止しようとしても、執行できる適切な法規制が存在せず、被害が拡大してしまう例が見られており、事案が法規制のすき間に落ちたような形になってしまうことから、「すき間事案」として問題となっていた。

　その一つの典型例として知られているのが、一口サイズのいわゆる「ミニカップ」に入ったこんにゃく入りゼリーが、その大きさや形状、硬さにより誤飲事故を引き起こした事例である。こうしたケースに対して、従来の法規制上では、食品衛生法の食品への適用は化学的生物学的に問題あるものに限定されており、他方、物理的に問題のある製品を対象としている消費生活用製品安全法は食品を対象にしていなかった結果、物理的な形状が問題となりうる食品であるこんにゃく入りゼリーについて、両法のすき間で適切な規制

がなされていなかった。

　こうした「すき間事案」に対して、「取りまとめ」は、「すき間事案については、自ら対応することを可能にするために、事業者調査及びその結果の公表、その他の措置をとることを（新法において）規定する。」ことを求めている。

　これに基づき、消費者安全法は、以下のような多層にわたる仕組みを整えている。

(ア)　消費者への注意喚起

　消費者安全法第15条は、消費者被害の発生、拡大を防止するために消費者の注意喚起をする必要があると認めるときは、内閣総理大臣（すなわち消費者庁。以下同じ）が当該消費者事故に関する情報を地方公共団体等に提供し、かつ自ら公表することを定めている。この措置は「すき間事案」に限定されるものではなく、消費者庁が消費者事故に関する情報を得た際に広く行われることを想定したものであるが、対処する適切な法規制が存在しない「すき間事案」においては、こうした注意喚起が特に重要である。

(イ)　事業者に対する勧告および命令

　同法第17条第1項は、商品、役務が安全性を欠くことにより消費者の生命または身体に一定の被害が及ぶ「重大事故等」（同法第2条第6項）が発生した場合で、そのような重大事故等の被害の発生、拡大の防止を図るために適用できる法律が他に存在せず（＝すき間事案である）、その発生、拡大防止のために必要があると認められる時には、内閣総理大臣が、当該商品、役務の供給、提供をする事業者に対し、商品、役務についての必要な点検、修理、改造、安全な使用法の表示、役務の提供の方法の改善その他の必要な措置をとるべきことを勧告することができる、と定めている。

　そして、そのような勧告を受けても事業者が正当な理由なく勧告にかかる措置をとらなかった場合で、重大事故等の被害の発生、拡大の防止を図るため特に必要があると認めるときは、つぎの段階の措置として、内閣総理大臣が、当該事業者に対し、勧告に係る措置をとることを命令できることが同条第2項において定められている。そして、この命令に違反した者に対しては、罰則（1年以下の懲役もしくは100万円以下（法人の場合は1億円以下）の罰金）が課されることになる（同法第28条）。

㈦　譲渡の禁止・制限、回収の命令

　安全性に問題のある商品が重大な消費者被害を生じる事例のなかには、勧告、あるいは命令により事業者による改善措置が取られるのを待っていたのでは甚大な被害が拡大してしまうおそれのあるものも存在する。こうしたケースに対して、消費者安全法は、内閣総理大臣がそうした商品の譲渡等を禁止・制限し（同法第18条）、さらにはこの禁止・制限に違反して譲渡等されてしまった商品等については、これを回収することを命じることができる（同法第19条）ことを規定している。

　この譲渡禁止・制限は、他に適用できる法律が存在しないこと（＝すき間事案である）に加えて、生命身体に関わる重大事故等の被害が拡大、発生する「急迫した危険」がある場合で、被害の拡大、発生防止のために「特に必要があると認められる」時に限り、「必要な限度において」、「6月内の期限を定めて」行うこととされている。

　また、これらの禁止・制限、回収命令への違反に対しては、（イ）で紹介した命令違反よりもさらに重い罰則（3年以下の懲役もしくは300万円以下（法人の場合は3億円以下）の罰金）が課されることとなる（同法第27条）。

㈣　報告、立入調査等

　消費者安全法は、「この法律の施行に必要な範囲において」内閣総理大臣、すなわち消費者庁が事業者に対して必要な報告を求め、事業所等に立入調査をすることができることを定めている（同法第22条）。「すき間事案」に対する上記の措置は、まさに「この法律の施行に必要な範囲」に含まれるものであり、したがって、消費者庁は個別の規制権限を持たない事業者に対しても報告を求め、立入調査を行うことが可能となっている。

　以上が、「すき間事案」に対して消費者安全法に盛り込まれた消費者庁の対処策のメニューである。かなり具体的かつ精緻な構成となっていることがおわかりいただけるだろう。また、「注意喚起」というソフトな手法から始まって、事業者が自ら商品等を改善するように勧告、勧告に従わなければ命令、さらに切迫した状況で、一刻も早く危険のある商品の流通を止めなければならない場合には譲渡の禁止、制限、そしてそれすらも守られない場合には商品の回収を命令と、段階を追ってハードな措置にシフトアップするという重層的な構造がとられていることも特徴的である。そして、措置がハード

になるほど、発動のための条件が厳しく設定されている。

　これは、具体的規制権限を持たない消費者庁が、命令、譲渡禁止、回収命令等の事業者の権利を強く制限する措置を採るという、これまでの日本の法体系上他に例を見ない措置を採ることに対して設けられたぎりぎりの規定ぶりであったということができよう。

(6)　**消費者安全法はいかにして作り上げられてきたか**
　以上見てきたように、「取りまとめ」に基づいて作られることとなった新法＝消費者安全法は、それまでの法体系からすれば非常に画期的で類例の無いいくつかの強力な武器を消費者庁に与えている。その中でも、内閣総理大臣から他省庁大臣に対して具体的な法執行を要求する措置要求や、すき間事案に関する事業者に対する命令、譲渡禁止等の強力な措置、また、個別の監督権限を持たない事業者に対しても消費者庁が立入調査を行いうる権限などは、きわめてユニークで、かつ強力なものといえる。
　それでは、この法律はどのような背景をたどって生まれてきたのか。
　推進会議の議論の初期段階では、この「新法」というアイデアは、一部の委員の方々や事務局の一部職員のなかにも漠然とあったものの、結果としてでき上がった消費者安全法ほどの具体性を持ってはいなかった。
　また、「取りまとめ」は、消費者庁の持つ「司令塔」機能や、「すき間事案」に対する消費者庁の対応措置の必要性を述べてはいるが、上記に紹介したような精緻かつ具体的な消費者安全法のスキームまでは述べてはいない。たとえば、「すき間事案」に関して「取りまとめ」が求めているのは、消費者庁が「自ら対応することを可能にするために、事業者調査及びその結果の公表、その他の措置をとることを（新法において）規定する。」ことであり、勧告、命令、譲渡禁止、回収命令等については、ただ「その他の措置」としているだけである。一言そう書いてあるだけの内容が、「取りまとめ」を受けた具体的立法作業において、ここまでの体系に組み上がったのだ。
　消費者庁設立のための一連のプロセスに携わった人間として、筆者は、消費者庁および消費者委員会設立に際して制定された三本の法律（消費者庁及び消費者委員会設置法、消費者庁及び消費者委員会設置法の施行に伴う関係法律の整備に関する法律、消費者安全法）はいずれも重要な意味を持つ法律であったが、そのなかでもとりわけ画期的で重要であったのが消費者安全法の制定

であった考えている。また、消費者安全法に盛られたいくつもの新しく強力なツール、特に措置要求とすき間事案への対処のための一連の措置を駆使すれば、消費者庁は相当なことができるはずであると、創設作業に携わりながら考えていたし、今でもそう思っている。消費者庁は、もっと消費者安全法という新しい武器を使ってほしい、と思うのだ。

　そうした観点から、消費者安全法が、推進会議委員の方々の考え、福田総理の想い、消費者行政一元化準備室メンバーによるディスカッションを経た、度重なるキャッチボールのなかでどのような流れで形成されてきたかについて、ここで筆者なりに整理を試みることとしたい。

　推進会議の議論の当初段階において、まず第一に論点となったのは、新組織に各省所管の作用法を移管して一定の行政処分権限を持たせるのか、あるいは「司令塔」として、勧告等を通じて各省を動かしていくことに集中していけばよいのか、という点であった。

　この点については、「司令塔」としての機能を重視する委員からは、消費者庁は勧告等により司令塔に徹するべきではないかとの意見もあったものの、消費者団体等からは、やはり新組織は自ら重要な法律を所管して処分権限を持つべきという意見が強く、こちらの方向で推進会議委員の間でのコンセンサスが形成されていった。

　また、事務局の視点からしても、「政府全体の肥大化を招かない」という制約の下では、一定規模の法律を新組織に移管し、そこに紐づけされている定員を移管しなければ、強力な権限を持つ独立した新組織としての陣容を整えられないという事情が存在したのも事実である。

　つぎの論点は、それではどの法律を消費者庁に移管するか、という点であった。この点については、後ほど個別作用法の移管について解説するなかで紹介することとしたい。

　新組織は自ら法律を所管するべきであるという点、そして、どのような法律を所管するべきかという点については、推進会議や事務局内の検討が進むにつれて、ある程度のコンセンサスが形成されていった。それに続く第三の論点として出てきたのが、作用法を移しただけで消費者庁がきちんと機能するのか、という点である。ここから、新法＝消費者安全法の議論がスタートする。

　この論点については、消費者庁創設に当たっては、個別の作用法を移管し

てそれで良しとするのではなく、それら個別法のいわば上部構造として、政府全体にわたる横断的な消費者保護立法を作っていくべきではないか、との見解が、阪田雅裕委員（元内閣法制局長官）を中心に示された。また、事務局のなかにも、消費者庁が消費者行政の「司令塔」として機能することや、いわゆる「すき間事案」に対して消費者庁が直接対処できるようにするのであれば、設置法の制定や個別法の移管だけでは不十分で、何かもう一本、消費者庁がこのような機能を果たすことの根拠となる新しい法律が必要なのではないか、との意見が根強くあった。

　そうした見解を代表するものが、阪田委員が2008年4月23日の推進会議に提出されたペーパー「組織形態のあり方と消費者関係法の整備について」である（巻末資料194頁に収録）。阪田委員は、消費者庁がいくつかの個別作用法の移管を受けてその執行をするようになっても、それだけでは従来と比べて大きな違いをもたらすことは望めず、消費者庁を作るからには、そこを中心として、我が国消費者行政全体のあり方を幅広く変え、形成していくべきだとの考えを持たれていた。そのためには、従来の個別規制法を徐々に取り込んで、より一般的な消費者行政を通じる共通ルールのようなものを、企画立案機能を活かして積極的に策定していくべきことを提言されており、また、消費者庁が働く上での基本となるような法律、換言すれば、公正取引委員会にとっての独禁法に相当するような、一種の「基幹法」が必要ではないか、との提言を行われている。また、この基幹となる法律においては、個別規制法が無くとも消費者庁が対処することができるツールを持たせることが肝要であるとされており、これが「すき間事案」対処につながることとなる。

　こうした議論のなかで、他の委員の方々の間にもそうした新しい基幹法を制定し、すき間事案にも対処できるようにすることの必要性についてのコンセンサスが形成されていった。また、その新法のなかで、消費者からの苦情等がまず入ってくる地方の消費生活センターをきちんと法律的に位置づけることが重要との見解も強くなり、こうした意見を汲み上げる形で、新法の制定が推進会議のなかで固まり、「取りまとめ」に盛り込まれることとなった。

　しかし、「すき間事案」に対する措置、あるいは消費者庁が行う他省庁への「勧告」も、その具体的な内容については、「取りまとめ」も記述し切れてはおらず、かなり抽象的な内容になっている。これを基にして、消費者安

全法のなかでの重層的なすき間事案に対する措置や、内閣総理大臣から各省大臣への「措置要求」という具体的な措置に組み上げていく作業は、事務局内の法案策定チームが中心となり、推進会議委員や内閣法制局との度重なる折衝を通じて行われていった。この作業のなかでは、「すき間事案」への各措置がブロックを積み上げるように重層的かつ漏れなく組み上げられているかが検討され、また、個別の監督権限を持たない消費者庁が事業者の権利を制限する強力な措置を行う上で、どのような条件のもとで行われるのであれば法体系上許容されるのか等の論点について限界ギリギリのところを狙った検討が行われていったのである。筆者自身、こうした検討の結果条文の形になった消費者安全法の素案を最初に見たときには、よくぞここまで組み上げることができたものだ、という感慨を禁じ得なかった。

　上記のような消費者安全法の各規定については、「もっとできるのではないか」という意見が消費者団体の方々などから当時出ていたのも事実だ。

　例えば、内閣総理大臣の措置要求については、「要求するだけでは従うも従わないも各省の判断ではないか。もう一歩踏み込んで、命令に近い性格のものにするべきだ。」との意見も一部にあった。しかし、国家行政組織法上の分担管理原則の下では、消費者庁を分担する大臣である内閣総理大臣が、他省庁の大臣に対して命令をする、というのはやはり無理なことなのだ。消費者安全法に定められた「措置要求」は、そのなかでぎりぎりできる限界であったと考えられる。

　また、「すきま事案」に対する措置に関しては、生命身体の危険に関する「重大事故等」に対象が限定されていたことから、これを財産被害のうち重大なものにも適用できるようにするべきとの意見も多かった。この点については、具体的な規制権限を持たずに事業者の権利を制限し、罰則まで課すというこの措置の性格上、こうした措置で対処することが真に必要で、他の手段では消費者の被害が回復されないものに限定するのがぎりぎりの線である、との考えのもとに、このような規定ぶりとされたものである。生命が失われてしまえば、あるいは身体被害が生じてしまえば、それはその後何をしようとも取り返しがつかないものであり、緊急の措置を以て防がなければならない。一方、財産被害については、もちろん被害者にとっては深刻なものではあるものの、損害賠償等によってある程度の回復を図ることは望める。また、そのような場合には、すき間事案に対する措置によるのではなく、消費

者庁の持つ企画立案機能を駆使して、そのような財産被害を防止する具体的な処分権限を含む法律を制定するべきではないか、とも考えられたものである。

この点については、消費者庁発足後さらに検討が行われ、現在の消費者安全法では、財産的被害に対しても、すき間事案に対する措置としての勧告まで消費者庁が行えるようになっている。消費者庁発足後も、消費者安全法が進化し続けている一つの事例である。

4　個別作用法の所管──「取りまとめ」の内容と形成過程

(1)　「取りまとめ」における個別作用法の消費者庁所管

消費者庁がどのような個別作用法を所管するべきかについて、「取りまとめ」は「消費者に身近な問題を取り扱う法律は消費者庁が所管する」ことを基本的考え方として、「各府省庁から消費者庁に移管（一部移管を含む）・共管する（別紙8参照）とともに、安全に関わる事故情報の報告・公表、食品表示、消費者信用等の分野において、横断的な体系化（一般法の立案等）に取り組む（別紙9）。」としている。

そして、「消費者に身近な問題を取り扱う法律」として、「表示」、「取引」、「安全」の三分野を提示した上で、それぞれ以下のような原則を示している（傍線筆者）。

(1)　表示に関する法律
①表示は、消費者に対し、商品・サービスの選択の基礎を与えるものであり、商品やサービスの性能や効果について誤解がないようにするため、商品やサービスの選択に当たって必要な情報が表示されること及び消費者を誤解させるような不当な表示がなされないようにする必要があること
②消費者被害の実態を踏まえ機動的に対応することが重要であること（業界、企業に関する情報の重要性は相対的に小さいこと）
③各省庁をまたがる横断的な調整が必要であること（分野毎の規制の整合性確保、複数の法律が錯綜している分野における一元化、すき間事案への対応等）などから、消費者庁が所管する。ただし、表示の基準作りに関しては、製造、流通プロセスに関する情報等も重要であることから、表示基準策定にあたり、各省庁の知見を活用する。

(2)　取引に関する法律
民事ルールや被害救済ルール中心の法律、及び、消費者保護のための行為規制

中心の法律は、
 ①消費者被害の実態を踏まえ機動的に対応することが重要であること（業界、企業に関する情報の重要性は相対的に小さいこと）
 ②各省庁をまたがる横断的な調整が必要であること
  などから、消費者庁が所管（共管を含む）する。
  参入規制（免許制、登録制等）を持ついわゆる業法についても、当該参入規制がもっぱら消費者等の保護のための行為規制を担保するために設けられている法律や、一元的な新法に組み込むことを目指すべき法律は、消費者庁が所管（共管を含む）する。具体的には、こうした法律は、業の健全な発展と利用者保護の両方を目的としていることから、行為規制の企画立案については、消費者庁と業所管官庁の共管とする。また、二重行政を避けるため、登録、免許等のいわゆる入口規制と出口である登録取消し等の処分については業所管官庁の所管としつつ、消費者庁は強力な勧告権を持つこととし、その旨を個別の業法に明記する。また、消費者庁は、処分について事前協議を受けるべきである。

(3) 安全に関する法律
 民事ルールを定める法律は、消費者被害の実態を踏まえ整備することが必要であることから、消費者庁が所管する。
 危害の発生についての報告制度、情報収集、情報分析（商品テストを含む）、危害の発生に即応した司令塔機能、緊急避難措置に関する法律は、
 ①消費者被害の実態を踏まえ機動的に対応することが決定的に重要であること
 ②各省庁をまたがる横断的な調整が必要である
ことなどから、消費者庁が所管する。特に、重大事故報告・公表制度については、消費者庁が所管し、消費生活用製品以外の製品、食品、サービス、施設等の分野に広げていくこととする。この重大事故報告・公表制度を含め、消費者庁は、安全に関する情報を一元的に集約・分析するとともに、情報を早期に発信・公表することなどにより、食品をはじめとした消費者の「安全」を確保する。
 安全基準の設定については、製造、流通プロセスに関する情報を踏まえることが重要であるが、同時に消費者被害の実態等を反映することが必要であることから、各省庁が消費者庁に協議した上で決定することを各法律に規定する。
 食品安全基本法は、消費者が日常的に消費する食品の安全に関する基本法であることから、消費者庁に移管する。ただし、食品安全委員会の設置等に関する規定の所管については、引き続き検討する。

 このような原則に基づいて選定された、「消費者に身近な問題を取り扱う法律」30本について、それぞれどのような形で消費者庁に移管、あるいは共管とするのかを「取りまとめ」は次頁に掲げた「別紙8」で具体的に明示

第 2 章　消費者庁および消費者委員会が設置に至るまで

個別作用法の所管の内容の概要

「表示」に関する法律

- 景品表示法 ⇒ 消費者庁へ移管
- JAS 法 ⇒ 表示基準の企画立案、執行を消費者庁へ移管
  - ＊表示基準策定・改正に当たり、農林水産省にあらかじめ協議・同意。
  - ＊農林水産省は、案を備えて表示基準の策定・改正を要請可。
  - ＊法執行の一部につき、農林水産大臣に委任
- 食品衛生法 ⇒ 表示基準の企画立案、執行を消費者庁へ移管
  - ＊表示基準策定・改正に当たり、厚生労働省にあらかじめ協議。
  - ＊厚生労働省は、表示基準の策定改正を要請可。
- 健康増進法 ⇒ 表示基準の企画立案、執行を消費者庁へ移管
  - ＊表示基準策定・改正に当たり、厚生労働省に協議。
- 家庭用品質表示法 ⇒ 表示の標準の企画立案、執行を消費者庁へ移管
  - ＊表示の標準策定に当たり、経済産業省にあらかじめ協議。
  - ＊経済産業省は、案を備えて表示の標準の策定・改正を要請可。
  - ＊法の執行の一部につき、経済産業省に委任
- 住宅品質確保法 ⇒ 表示等の企画立案、表示基準の策定は共管。執行は国土交通省が行うが、消費者庁が勧告。
  - （注）住宅性能表示は任意制度であるなど他の表示と異なる点がある。

「取引」に関する法律

- 消費者契約法　無限連鎖講防止法　特定商品預託法 ⇒ 消費者庁へ移管
- 電子消費者契約法 ⇒ 内閣府所管部分について消費者庁へ移管
- 特定商取引法 ⇒ 消費者保護に係る企画立案、執行を消費者庁へ移管。消費者庁がこの法律に係る執行を一元的に行う。経済産業省は、商一般等の立場から連携
- 特定電子メール法 ⇒ 消費者保護の観点からの企画立案、措置命令等を消費者庁へ一部移管（共管）
- 金融商品販売法　出資法 ⇒ 消費者庁が所管に加わる。
- 貸金業法　割賦販売法　宅地建物取引業法　旅行業法
  - ⇒ 企画立案は共管。登録・免許、検査、処分は各省庁（金融庁、経済産業省、国土交通省）が行うが、消費者庁は処分について勧告権を持ち、そのための検査権限を持つ。また、処分について事前協議を受ける。

「安全」に関する法律

- 製造物責任法 ⇒ 消費者庁へ移管
- 食品安全基本法 ⇒ 消費者庁へ移管。ただし、食品安全委員会の設置等に関する規定の所管については、引き続き検討。
- 消費生活用製品安全法 ⇒ 重大事故情報報告・公表制度を消費者庁へ移管。安全基準の策定に当たり協議を受ける。
- 食品衛生法（再掲）　有害物質含有家庭用品規制法
  - ⇒ 安全基準の策定に当たり協議を受ける。

消費者や生活者が主役となる社会の構築、物価行政に関する法律

- 消費者基本法　国民生活センター法　個人情報保護法　公益通報者保護法　特定非営利活動促進法
- 国民生活安定緊急措置法　買占め及び売惜しみ防止法　物価統制令 ⇒ 消費者庁へ移管

（注）詳細については、引き続き検討を進めていくべきである。

出典：「消費者行政推進会議取りまとめ」別紙 8

53

している。

　さらに、「取りまとめ」は、その一本一本について、消費者庁への移管、共管のあり方の詳細を一枚紙にまとめ、資料として添付している（別紙8に付属。大部にわたるため、巻末資料では省略）。上記の内容は、資料も含めてすべて閣議決定（消費者行政推進基本計画）にそのまま引き継がれ、消費者庁関連三法案の一つである「消費者庁設置法施行に伴う関係法律の整備に関する法律」に各個別作用法等についての所要の改正が盛り込まれ、国会審議を経て成立している。

　なお、上記の30本の個別作用法以外にも、将来的な検討課題として、より幅広い消費者庁の関与を検討すべきとして、「取りまとめ」は以下のように述べている[注]。

　さらに、本消費者行政推進会議としては、別紙8に掲げる法律以外についても、今後、消費者庁による何らかの関与を幅広く検討すべきものと考える（別紙11はその対象となる法律の例）。また、その取組を定期的にチェックすることが必要である。

　「対象となる法律の例」として、「取りまとめ」が例示した法律は、次表のとおりであり、今回の検討では消費庁の関与が見送られた金融商品取引法、薬事法、建築基準法をはじめとして、幅広くかつ重要な法律40本以上が例示されている。

[注]「取りまとめ」の当該部分に相当する記述は、閣議決定された「消費者行政推進基本計画」では、「さらに、別紙1に掲げる法律以外にも、幅広い法律について、今後も引き続き消費者庁による関与について検討を行う必要がある（別紙2は消費者行政推進会議が示した例）。また、その取組を定期的にチェックすることが必要である。」としており、「取りまとめ」別紙11に掲げられた法律の例示のリストも「消費者行政推進会議が示した例」として、閣議決定の別紙資料として受け継がれている。

(2)　個別作用法の移管の決定過程

　このように書くと、個別作用法の移管はスムーズに決まったかのように思われるかもしれない。しかし、ここで決められたのは、個々の官庁が所管し

消費者庁による関与について検討を行うべき法律の例

警察庁	金融庁	総務省	法務省
・警備業法	・金融商品取引法	・電気通信事業法	・総合法律支援法
環境省	・保険業法	・プロバイダ責任制限法	・裁判外紛争解決促進法
・温泉法	・プリペイドカード法	・携帯電話不正利用防止法	・組織的犯罪処罰法
・ペットフード規制法	・振り込め詐欺救済法		・被害回復給付金支援法
	・偽造・盗難カード預貯金者保護法		・利息制限法
			・借地借家法

厚生労働省	農林水産省	経済産業省	国土交通省
・薬事法	・流通食品毒物混入防止法	・商品取引所法	・住生活基本法
・医療法	・牛トレーサビリティ法	・ガス事業法	・建築基準法
・消費生活協同組合法	・肥料取締法	・電気用品安全法	・道路運送車両法
・クリーニング業法	・飼料安全法	・液化石油ガス保安法	・不動産特定共同事業法
		・海外商品先物取引法	・建設業法
		・商品ファンド法	・道路運送法
		・ゴルフ会員契約適正化法	・履行確保法
		・不正競争防止法	
		・計量法	
		・工業標準化法	
		・化審法	

出典：「消費者行政推進会議取りまとめ」別紙 11

ていた個別作用法を数十本単位で新設官庁に移管するという、我が国の行政のなかでも全く前例のないことであり、その実際のプロセスは複雑かつ困難を極めた。この間の経緯については、松山健士氏（前内閣府事務次官、当時の消費者行政一元化準備室長）が別稿で紹介されているが、以下、事務局参事官であった筆者個人の目から見た感想もご紹介することとしたい。

　そもそも、どの法律を消費者庁に移管するか、という論点は答えを出すのが非常に困難な問題であった。消費者に関する法律は無数に存在し、行政法規のほとんどが行政機関と国民の関係に関するものであり、国民のすべてが消費者でもあることを考えれば、消費者に全く関係しない行政法規を見つけるほうが難しいと言えるだろう。しかし、これを全部移管していたら、消費者庁は巨大官庁になってしまう。「賢く働く組織」としてどこに線を引くか、が問題であった

　その中で、「表示」、「取引」、「安全」の三つをキーワードとし、この範疇に該当する「消費者に身近な」法律については幅広く消費庁に移管するとの基本方針を持って臨んだわけであるが、実際の各省との折衝は容易ではな

く、メディア等の注目も集めることとなった。

　国の行政組織は、国家行政組織法やいわゆる「分担管理原則」に則り、それぞれ固有の行政分野を担当している。その根拠となるのが処分権限を定めた作用法であり、この法律を施行するために定員が割り振られ、予算がつくという構造になっている。そうした構造を背景として、各省庁の所管する作用法は相互に侵すべからざるものである、という暗黙の了解のようなものが、霞ヶ関の諸官庁の間には存在していた。その中で、「消費者庁を作るので貴方の省が所管している法律を移管して下さい。」というのは、霞ヶ関の常識では完全な掟破りとみなされる行為であり、当然ながら各省庁事務方の当初の反応はきわめて厳しいものであった。

　それでも何とか多くの重要な作用法を消費者庁に移管することについて各省庁との合意ができた背景には、大臣間の折衝における岸田大臣の粘り強い折衝とリーダーシップ、町村官房長官以下の官邸の強いサポートがあったことは、松山氏が紹介されているところであり、また、各省庁の担当者の方々も、最終的に消費者庁設立の意義を理解されて、非常に困難な決断をしていただいたものである。

(3)　消費者庁による具体的・実効的な「共管」

　「取りまとめ」において消費者庁が所管することとなった法律のなかには、景品表示法のように全部丸ごと公正取引委員会から消費者庁に移管されたものもあれば、それまで所管していた省庁と消費者庁の間で共管することとされた法律もある。一部には、こうした「共管」はほとんど意味がないのではないかとする見解も見られたが、これは誤解に基づく見解であると筆者は考える。以下その点について述べたい。

　「共管」とされた法律のなかの多くは、旅行業法、宅地建物取引業法、貸金業法、割賦販売法など、免許制や登録制等の参入規制を持ついわゆる「業法」である。

　このうち旅行業法を例にとると、同法において定められている旅行業者に対する行為規制の多く（例：誇大広告の禁止、旅行契約の内容に関する説明、書面の交付義務等）は、旅行者（すなわち消費者）の利益を守ることを主目的とするものであり、消費者庁として、この法律に関わらないということはありえないだろう。

しかし、この法律全体を消費者庁に移管するならば、旅行業者の登録や旅行業取扱管理者の試験、あるいは旅行業協会の指定・監督などに関わる膨大な事務をも消費者庁で行うことになり、現実的でないばかりか、巨大官庁を作らないという消費者庁設立の理念にもそぐわない。

したがって、これらの事務は所管官庁（この場合は国土交通省）において行うこととなるが、そうすると、行為規制に関わる違反等を理由とした登録取消、業務改善命令等の行政処分に関わる事務も、やはり国土交通省が行うこととなる。登録取消は、入口である登録に対して出口の関係にあるものであり、登録に関わる事務を所管する省庁が行わなければ一貫性が損なわれることになるからである。この点について、行政処分については国土交通省と並んで消費者庁も行いうることとするべきではないか、との見解も見られたが、これは処分を受ける側から見れば二重行政であり、いわゆる「二重の危険」を課すものとして適当ではない。

このように考えていくと、消費者の利益に深くかかわる部分については消費者庁が強く関与できるような「共管」のあり方を追求していくことが必要となる。「共管」というと、法律のどこかに「この法律は国土交通省と消費者庁の共管とする」といった条文を加えるだけで済むかのような印象を持たれるかもしれないが、そんな簡単なものではないし、そのような形では、消費者庁が「共管」に入ったと言っても、おそらく何もできないだろう。個々の条文に即して、具体的に消費者庁の実効的な関与のあり方を条文に書き込んでいくことが必要となる。

その「共管」のあり方について、「取りまとめ」は個々の作用法ごとに詳細な方針を示している。例えば、旅行業法については以下のとおりである（「取りまとめ」別紙8）。

【旅行業法】

行為規制の企画・立案は、消費者庁と国土交通省が行う。

登録は、国土交通省が所管し、その情報を消費者庁と共有する。

取消・命令等の処分は、国土交通省が所管する。また、消費者庁が、処分について事前協議を受ける仕組みを設ける。さらに、消費者庁は処分について

> 勧告権を持つとともに、勧告に基づく措置について報告を徴収することができることを同法に規定する。
>
> 検査は、国土交通省が所管する。また、消費者庁は、寄せられた情報等をもとに、処分勧告するか否かを判断するため、検査を実施する。
>
> なお、都道府県が所管する事務については、地方自治法との関係も考慮しつつ、事前協議、勧告、検査の内容を検討する。

　これを受けて、実際の消費者庁関連法案、特に消費者庁設置法の施行に伴う関係法律の整備に関する法律案（衆議院における修正を経て、消費者庁及び消費者委員会設置法の施行に伴う関係法律の整備に関する法律として成立）第9条では、以下のような改正が旅行業法に対して行われている。
　まず、消費者の利益に関わる行為規制の企画立案に消費者庁が関与することを担保する手段としては、
① 　取引条件の説明義務等の行為規制を規定する条文において、その説明内容などを具体的に規定する省令の所管に消費者庁を加える。例えば、上記義務を規定する旅行業法第12条の4第1項に、「旅行業者等は、旅行者と企画旅行契約、手配旅行契約その他旅行業務に関し契約を締結しようとするときは、旅行者が依頼しようとする旅行業務の内容を確認した上、国土交通省令・<u>内閣府令</u>で定めるところにより、その取引の条件について旅行者に説明しなければならない」と、国土交通省令に加えて下線部で内閣府令をも加える改正を行っている。ここでいう「内閣府令」とは、内閣府の外局である消費者庁が所管する省令のことであり、行為規制の具体的あり方の企画立案について、消費者庁が国土交通省と対等な立場で関与しうることが条文上明記された形となっている。
② 　また、旅行契約の締結、解除、旅程管理のあり方、旅行中に事故が起きた場合の補償のあり方等旅行契約に関する重要な内容の標準的な雛形として政府が定める「標準旅行業約款」は、実際の旅行契約の太宗においてその内容が用いられる重要なものであり、その内容も消費者の利益に深くかかわるものであることから、この標準旅行業約款については、旅行業法第12条の3に「観光庁長官<u>及び消費者庁長官</u>が標準旅行業約款を定めて公示した場合（以下略）」との改正を行い、標準旅行業約款を定める場合に

おいて、消費者庁が国土交通省（この場合観光庁）と対等の立場で関与しうることがここでも条文上明記されている。

(注) 標準旅行業約款については http://www.mlit.go.jp/common/000993888.pdf を参照。消費者庁と国土交通省（観光庁）共同の告示である「消費者庁観光庁告示」として定められ、公示されている。

つぎに、業務改善命令、登録取消等の行政処分に関する消費者庁の関与については、処分を受ける側から見た場合の二重行政を避けるために、国土交通省の所管としつつ、その処分について消費者庁が事前協議を受け、意見を述べることができる仕組みを確保している。

具体的には、

① 同法第18条の3第2項において、旅行業者に対する行為規制のうち消費者の利益に密接に関係するものの違反に対して国土交通省（観光庁長官）が業務改善命令を発出する場合には、「あらかじめ、消費者庁長官に協議しなければならない」と規定することで、業務改善命令の際に消費者庁に事前協議が行われることを明記し、

② 同条第3項において、「消費者庁長官は、旅行者の正当な利益の保護を図るため必要があると認めるときは、観光庁長官に対し」、旅行業者に対する行為規制のうち消費者の利益に密接に関係するものの違反に対する国土交通省（観光庁長官）の業務改善命令に関して、「必要な意見を述べることができる」と規定することで、業務改善命令に関して、受動的に事前協議を受けるだけではなく、消費者庁が能動的に意見を述べること、すなわち処分勧告を行うことができることも明記している。

③ そして、同法第19条第3項において、業務停止命令、登録取消の処分についても上記①、②の規定を準用することで、消費者庁の同様の関与を明記している。

さらに、旅行業者からの報告の徴収、立入検査についても、国土交通省が行うという原則は維持しつつ、消費者庁が業務改善命令および登録取消等の行政処分について意見を述べるために必要があると認められる時には、消費者庁自らが旅行業者に対して報告を徴収し（同法第26条第2項）、特に必要があると認められる時は自ら旅行業者に対して検査を行うことまで可能に

する規定（同条第4項）を置いている。

　上記のような企画立案および行政処分に関する消費者庁の具体的関与と、それに関連して業者の検査まで消費者庁が行いうる仕組みは、他の業法においても基本的に同様のものが消費者庁関連法案において規定されている。このように、「共管」と言っても、非常に具体的かつ実効的な消費者庁の権限が条文上明記されており、これをうまく使うことによって、これらの「共管」となった法律についても消費者庁はかなりのことができる仕組みが整備されていると言えるだろう。

　以上、「取りまとめ」の内容とともに、それに沿って、消費者安全法という新法の内容および形成過程、そして個別作用法の移管・共管について解説してきた。「取りまとめ」には、さらに消費者庁の組織のあり方および設立に向けたスケジュールについての提言も盛り込まれているが、こうしたテーマについては法案提出後の動きについて解説するなかで触れることとしたい。

　いずれにせよ、「取りまとめ」は2008年6月13日の推進会議において決定され、福田総理に提出された。この内容は、ほぼそのまま「消費者行政推進基本計画」（以下「基本計画」）として閣議決定（http://www.kantei.go.jp/jp/singi/shouhisha/kakugi/080627honbun.pdf（2008年6月27日））され、それに基づいて法案化の作業が政府において行われた。

　これまでの解説でおわかりいただけるように、「取りまとめ」の内容はその後の立法化を意識したきわめて具体性の高いものであったが、これをベースにして「消費者安全法」のすき間事案への対処のあり方等についてさらに具体的な条文化の作業が内閣官房消費者行政一元化準備室を中心として行われ、2008年9月29日には、「消費者庁関連3法案」として第170国会（臨時会）に提出されている。ちなみに、消費者庁関連3法案の第170国会における閣法としての議案番号は1番から3番までであり、政府にとって、同臨時会に提出する法案のなかで最優先法案としての位置づけを持たされていたことがわかる。

5　法案提出から成立まで——国会審議の概要と修正協議
(1)　麻生内閣による法案提出
　法案提出直前の9月24日、福田内閣は総辞職し、麻生内閣が発足した。

これにより、消費者庁関連法案の国会提出は麻生内閣によって行われることとなった。消費者行政推進担当大臣は、福田内閣の改造（2008年8月2日）で岸田大臣を引き継いでいた野田聖子氏が引き続き務めることとなった。麻生内閣は、福田内閣が残した消費者庁設立路線をそのまま引き継ぎ、「取りまとめ」に基づいて閣議決定された「消費者行政推進基本計画」の内容は、麻生内閣の下でも継承され、法案化された。

麻生総理は、9月29日の第170国会における所信表明演説で、「暮らしの安心」について述べるなかで、事故米問題に触れ、続いて、以下のように、法案の一刻も早い審議により、消費者庁を早期に創設することの重要性を訴えている。

「すべからく、消費者の立場に立ち、その利益を守る行政が必要なゆえんであります。既存の行政組織には、事業者を育てる仕組みがあり、そのため訓練された公務員がありました。全く逆の発想をし、消費者、生活者の味方をさせるためにつくるのが、消費者庁であります。国民が泣き寝入りしなくて済むよう、身近な相談窓口を一元化するとともに、何か商品に重大な事故が起きた場合、その販売を禁止する権限も持たせます。悪質業者は、市場から駆逐され、まじめな業者も救われます。

行政の発想そのものをめぐる改革であればあるだけ、甲論乙駁はもっともであります。しかし、国民の不安と怒りを思えば、悠長な議論はしていられません。消費者庁創設に、ご賛同いただけるのか否か。民主党に問うものです。否とおっしゃるなら、成案を早く得るよう、話合いに応じていただけるのか。問いを投げかけるものであります。」

この麻生総理の強い訴えかけを受けて、与野党の間で消費者庁関連法案の審議入りを巡って折衝が重ねられたが、第170国会での法案審議入りは叶わず、法案はいわゆる「吊るし」の状態のまま、12月25日の閉会に当たって、継続審議の手続きが採られた。

ようやく積年の悲願であった消費者庁設立の法案提出までこぎつけたにもかかわらずなかなか法案審議が始まらない状況に、長年地道な活動を続けて来られた消費者団体等の方々の苛立ちは高まるばかりであり、彼らは各方面にわたって強力な訴えかけの活動を展開していった。本稿の冒頭コラムで紹

介した、法案の早期審議を求めて議員会館前でのぼりを立て、ビラを配っていた「ユニカねっと」の方々から私が手を振られたのはこの頃のことである。

(2) 衆議院消費者問題特別委員会での審議

　法案の早期審議入りを求める消費者団体等からの声の高まりに後押しされる形で、2009年1月に召集された第171国会（常会）では、会期冒頭に衆議院の「消費者問題に関する特別委員会」（船田元委員長）が設置され、予算審議等を終えた後の3月17日に、消費者庁関連法案は審議入りとなった。これに先立つ3月12日には、民主党が議員提案で「消費者権利院法案」、「消費者団体訴訟法案」を国会に提出しており、政府案と民主党案が併せて消費者問題等特別委員会で審議された。

　「消費者権利院法案」は、政府が行う消費者行政に対する監視機能を重視する点を特徴としており、監視機能を果たす主体として、「消費者権利院」を内閣の外に設置（法案の案文では「内閣の所轄の下に」とされている）することとしていた。内閣の外に設置される性格上、政府案における消費者庁のように、消費者権利院が直接消費者に関連する法律を所管、執行することは想定されておらず、むしろオンブズマン的に機能させようとするものであった。また、消費生活センターは消費者権利院に付属させるものとされていた。

　消費者権利院法案の目次は以下のとおりである（法案の案文については http://www.shugiin.go.jp/internet/itdb_gian.nsf/html/gian/honbun/houan/g17101008.htm を参照）。

```
　　　　消費者権利院法案
目次
　第一章　総則（第一条・第二条）
　第二章　組織
　　第一節　消費者権利官（第三条－第八条）
　　第二節　消費者権利官補（第九条）
　　第三節　消費者権利委員会（第十条－第十八条）
　　第四節　事務総局（第十九条）
　　第五節　地方消費者権利官及び地方消費者権利局（第二十条）
```

第2章　消費者庁および消費者委員会が設置に至るまで

　　第六節　消費生活相談員（第二十一条－第二十六条）
　第三章　権限
　　第一節　定義（第二十七条）
　　第二節　消費生活に関する相談及び苦情の処理のあっせん、情報収集及び商品試験、啓発及び教育等（第二十八条－第三十条）
　　第三節　消費者問題に係る資料の提出要求その他の調査（第三十一条－第三十四条）
　　第四節　消費者問題に係る処分等の勧告及びその公表（第三十五条・第三十六条）
　　第五節　消費者権利官の申立てによる裁判所の緊急命令
　　　第一款　行為の禁止又は停止命令（第三十七条）
　　　第二款　財産保全命令（第三十八条－第四十五条）
　　　第三款　適格消費者団体に対する通知等（第四十六条・第四十七条）
　　第六節　消費者問題に係る訴訟援助（第四十八条・第四十九条）
　　第七節　消費者団体訴訟を追行する適格消費者団体の登録及び支援（第五十条）
　　第八節　国会等との関係（第五十一条・第五十二条）
　第四章　補則（第五十三条－第五十七条）
　第五章　罰則（第五十八条－第六十条）
　附則

　目次からも読み取れるように、消費者権利院は、「消費者権利官」をトップとして、消費生活相談員を傘下に置き、「消費生活相談、苦情処理、あっせん」を行い、国の行政機関や地方公共団体に対して「消費者問題に関する資料提出要求その他の調査」を要求し、あるいは自ら事業者に対して立入検査等も行って情報を収集、それらを基に、国の行政機関の長または地方公共団体の長に対して「消費者問題に係る処分等の勧告」を行い、また必要に応じてこれを公表することとされていた。また、消費者被害救済のために、消費者権利院の申し立てにより裁判所が事業者等に対して一定期間の禁止命令を出すことも想定されていた。

　衆議院の消費者問題特別委員会での審議は全体で58時間に及んだ。これは、過去の同規模の法案審議と比較しても、かなりの徹底審議であったと言える。委員会審議には、麻生総理、野田消費者行政推進担当大臣のみならず、関係大臣（農林水産、経済産業、国土交通等）も出席しての質疑が行われた。

(3) 参考人質疑

　こうした審議を通じて、数々の論点が明らかになり、議論が深まっていったが、衆議院の特別委員会における法案審議の方向性を決める上では、参考人質疑が一つのポイントであったように思う。参考人質疑では、与党側が推薦した参考人のみならず、野党側推薦の参考人も、新しい消費者行政機関は自ら法律を所管して執行権限を持つべきとの趣旨の意見を陳述した一方で、消費者権利院法案における消費者行政の監視機能を強化すべきとのポイントについても幅広く支持する意見が出され、政府案と民主党案の双方の長所を合わせた修正を行うべき、というのが、ほぼすべての参考人を通じた意見であった。

　その代表例として、松本恒雄参考人（一橋大学教授、与党側が推薦）と紀藤正樹参考人（弁護士、野党側が推薦）の発言の一部をご紹介する。

衆議院消費者問題に関する特別委員会参考人質疑（2009年3月26日）からの抜粋

（枡屋委員）（前略）与党・政府案それから民主党案、二つ出ておりますけれども、両参考人の話を聞くと、一歩前進のために何とかまとめてもらいたいという思いを聞かせて頂いたんですが、二つの案を比べますと、これは与野党、政策合意ができるというふうに思っておられるかどうか、端的にお伺いして質問を終わりたいと思います。端的にお答えください。

（松本恒雄参考人）私はできると思いますし、してもらわないと国民は納得しないということであります。よろしくお願いします。

（紀藤正樹参考人）（前略）結局、消費者庁というのはまさに法執行機関なんです。そして、先ほど言ったように、基本法の観点から政府の施策を全部見直すという観点からすると、消費者庁が先にあるべきだと私は思っています。消費者庁があって、かつ民主党の案があればなお一層いいと思っておりますので、そういう意味でまとめていただけると、消費者弁護士としては非常に感謝にたえません。

（注）参考人審議の議事録については http://kokkai.ndl.go.jp/SENTAKU/syugiin/171/0197/17103260197006.pdf 等を参照。

(4) 与野党による修正協議、法案修正

　参考人質疑で示された見解をも受ける形で、衆議院の消費者問題に関する特別委員会の与野党の理事の間で法案修正協議が行われた。その結果、行政組織のあり方としては、消費者庁を設置し、自ら法律を所管、執行を行うという、政府案をベースにしたものとしつつ、消費者行政を監視する機関として、政府案では消費者庁におかれていた「消費者政策委員会」の機能を大幅に強化し、独立性も強化した形の「消費者委員会」として、消費者庁の外、内閣府に置くこと、また、消費者委員会には、受動的に諮問されるのを待って答申を行うという従来型の審議会の機能から一歩進んで、自ら調査審議を行い、自発的に政府に対して建議を行う等の機能を持たせること等が合意され、この合意に沿って、政府提出の消費者庁関連法案に修正が行われることとなった。

　衆議院の特別委員会における合意を受けての法案の主要な修正点は以下のとおりである。

① 政府提出の消費者庁関連3法案のうち「消費者庁設置法案」の名称を「消費者庁及び消費者委員会設置法案」に修正した。
② 設置法案の消費者庁の任務規定に、消費者基本法第2条における「消費者の権利の尊重及びその自立の支援その他の基本理念にのっとり」との趣旨を追加した（消費者庁及び消費者委員会設置法第3条）。
③ 政府提出法案においては消費者庁に設置されていた「消費者政策委員会」を、「消費者委員会」と名称を修正して、内閣府に置くこととした（同法第6条第1項）。
④ 消費者委員会のつかさどる事務として、政府案では、消費者政策委員会が、内閣総理大臣、関係各大臣、長官の諮問に応じて一定の重要事項を調査審議すること、内閣総理大臣、各省大臣に意見を述べることが規定されていたものを、諮問に応じた調査審議に加えて、こうした重要事項について「自ら調査審議し、必要と認められる事項を内閣総理大臣、関係各大臣又は長官に建議すること」が規定された（同条第2項）。
⑤ 消費者委員会の委員について、「独立してその職権を行う」旨の規定が置かれた（同法第7条）。
⑥ 消費者安全法案については、そのフレームワークは政府提出法案をほと

んどそのままベースにしつつ、情報の収集・開示や消費者教育について国および地方自治体の責務として明記する規定を追加した。また、政府提出法案では、消費者政策委員会が内閣総理大臣に対して意見を述べるとなっていたものを、消費者委員会が内閣総理大臣に対して勧告を行うとの規定ぶりに修正されたほか、内閣総理大臣に対する報告要求の規定が追加された。

⑦　その他、附則における修正を含め、衆議院における修正点の詳細については巻末資料 196 頁を参照されたい。

　このような経過を経て、2009 年 4 月 16 日、修正案および修正部分を除く政府原案が、衆議院の消費者問題に関する特別委員会において全会一致で可決され、4 月 17 日には衆議院本会議において全会一致で可決され、参議院に送付された。なお、衆議院の特別委員会での議決に際しては、23 項目という異例の分量の付帯決議が付されている。(衆議院消費者問題特別委員会付帯決議：http://www.shugiin.go.jp/internet/itdb_rchome.nsf/html/rchome/Futai/shohisha81281B21B0393C5F4925759B0011E804.htm)

(5)　参議院での審議、法案成立

　衆議院からの法案送付を受けて参議院でも「消費者問題に関する特別委員会」(草川昭三委員長) が設置され、4 月 23 日から委員会審議が開始された。衆議院の 58 時間に加えて、参議院でも 30 時間の質疑が、麻生総理、野田消費者行政推進担当大臣、各省大臣も出席して行われ、衆議院で可決された修正案を、参議院の特別委員会でも全会一致で可決 (5 月 28 日) した。参議院の消費者問題に関する特別委員会での議決の際に付された付帯決議は 34 項目にもおよぶ。(参議院消費者問題特別委員会付帯決議：http://www.sangiin.go.jp/japanese/gianjoho/ketsugi/171/f421_052801.pdf)

　衆参の特別委員会で付された付帯決議の項目数の多さは、消費者庁および消費者委員会に対する期待の大きさを表すものであったと言えよう。また、政府・与党案と民主党案との間で修正協議を行う過程において、最終案に盛り込むことができなかった要素 (例えば民主党案の「消費者団体訴訟法案」の内容) について、消費者庁発足後、きちんとしたタイムプランに基づいて実現を図って欲しいという特別委員会の希望が強く反映されたものでもある。

さらに、地方消費者行政について、地方の自治事務として地方の実情に合った柔軟な運用がなされることとしつつ、厳しい地方自治体の財政状況に鑑み、政府に最大限の努力を求めるものでもあったと考えられる。

そして翌5月29日、衆議院における修正を経た消費者庁関連法案は、参議院本会議において全会一致で可決され、成立した。筆者は、本会議場の外で野田大臣を待ち受けていたが、可決後晴れ晴れとした表情で出てこられた大臣の笑顔は忘れられない。また、参議院の委員会採決には多くの消費者団体関係者等これまで消費者庁設立に向けて長く地道な運動を続けてこられた方々が傍聴にこられていた。全会一致で可決された後、その多くの方々が涙を流して抱き合っておられた姿も私の胸に深く刻まれている。

(コラム) 消費者委員会の立入調査等の権限を巡る議論

衆議院における修正協議で最後まで争点となったポイントの一つは、消費者委員会に、事業者に対する独自の立入調査等（報告、立入、調査、質問）の権限を持たせるかという点であった。

この点については、消費者庁または作用法所管省庁の立入調査等とは別に消費者委員会からの立入調査等もあるということになると、立入調査等を受ける側からは「二重行政」、「二重の危険」となることから適切ではない、との与党側見解に対し、消費者委員会にも立入調査等の権限がなければ、監視機関として十分に機能しえない、との野党側意見が対立したが、最終的には、消費者委員会の立入調査等の権限は法案に規定されない形で、衆議院における議論は決着した。

すなわち、消費者安全法第22条に消費者庁の事業者に対する立入調査等の権限が規定される一方で、消費者委員会については、消費者庁及び消費者委員会設置法第8条で「委員会は、その所掌事務を遂行するため必要があると認めるときは、関係行政機関の長に対し、報告を求めることができるほか、資料の提出、意見の開陳、説明その他必要な協力を求めることができる。」として、事業者に対してではなく、関係行政機関の長に対しての報告徴求等の権限を定めている。

この論点については、参議院段階でも野党側から根強い議論が行われたが、結果としては、衆議院での修正協議の結論と同じく、消費者委員会に対する立入調査等の権限の付与は見送られている。その一方で、参議院の特別委員会の付帯決議には、以下の内容が盛り込まれている。

九、消費者委員会が個別具体的な事案に関して「勧告」を行うにあたっては、当該事案に関して的確な情報を得た上で、その必要性を踏まえたものとすること。消費者庁及び消費者委員会設置法第八条の「資料の提出要求等」の権限が、その情報収集のための法的担保として設けられているものであるが、事実上の情報収集の手段として、消費者や事業者等からの自発的な通報・提供という形で情報を得ること、消費者委員会の要請に対して事業者等が自ら進んでこれに協力する等の形で、消費者委員会が事情説明や資料提供等を受ける等の調査を行うことまで否定しているわけではないことに留意すること。

　すなわち、消費者委員会による、事業者に対しての立入調査や報告徴求等の権限は法律上規定されないものの、消費者委員会の要請に対して事業者が自発的に協力する等の形で消費者委員会が事情説明や資料提供等を受けることまでは否定されているわけではないことを付帯決議においてリマインドする形となった。消費者委員会が立入調査等の権限を持つことにより生ずる事業者に対する二重行政・二重の危険を避けつつ、消費者委員会が勧告等を行うための情報収集をできるだけ実効的に行えるようにしたいとの思いが込められた文章であり、当時もぎりぎりの表現であると感じたものである。

6　法案成立から消費者庁・消費者委員会設立まで

　法案成立を喜び合う間もなく、政府は消費者庁および消費者委員会設立の準備に突入していった。法案成立から実際の消費者庁設立までに必要な作業はきわめて多岐にわたるものがある。6月3日には、それまでの内閣官房の消費者行政一元化準備室に加えて、内閣府に消費者庁・消費者委員会設立準備室が設置され、この二つの組織は、お互いに緊密に協力しながら設立準備作業を進めて行ったが、設立期日が近づくに従って、次第に後者に作業の比重が移って行った。

(1)　設立期日の決定

　まず、消費者庁、消費者委員会の設立期日をいつにするかについては、相次ぐ消費者問題の頻発に鑑みれば、設立に一刻の猶予も許される状況ではなく、消費者団体等からも法案成立後できるだけ早期の設立が強く求められていた。そもそも、2008年秋の臨時国会に法案を提出した当初は、政府は2009年度当初からの設立を念頭に置いていたものである。こうした経緯を

受けて、必要な準備作業を最大限速やかに行った上での消費者庁、消費者委員会設立のターゲットは2009年9月1日とされ、8月11日閣議決定の、「消費者庁及び消費者委員会設置法の施行期日を定める政令」によって、正式に2009年9月1日の設立が決まった。

(2) 政省令の策定

つぎに、法律に付属する政省令の策定作業がある。政令の案文策定作業は、法案策定を担当した消費者行政一元化準備室が関係各省庁と協議しつつ進めていったが、さらに省令策定になると、実際に省令を発出する主体となる内閣府の設立準備室および関係各省庁を中心に進められていった。

(3) 予　算

予算については、消費者庁の2009年度における設立が想定されていたことから、2009年度予算編成作業の中で、法案成立以前から予算要求、折衝等のプロセスが開始されていた。予算編成作業においては、内閣官房消費者行政一元化準備室と密接に連携しながら、内閣府が予算要求を行い、財政当局との折衝に当たった。その結果、2009年度予算では、消費者庁の①情報の集約・分析機能や司令塔機能の整備、②消費者庁が所管する「表示」、「取引」、「安全」に関する法律の企画立案、執行、③その他の消費者利益の擁護等に係る施策の推進、④消費者庁の定員に係る人件費等のための予算として93億円が計上された。

また、消費者庁に関する予算措置については、特に地方消費者行政の充実にどれだけ国として支援を行えるかが最大のポイントであった。この点については、消費者庁設置に先駆けて、2008年度補正予算において、内閣府予算として「地方消費者行政活性化のための基金の造成」やPIO-NET端末の追加配備のための予算として、計265億円が盛り込まれた。これを2009年度予算における消費者庁設置に係る予算と合わせれば、消費者の安全・安心確保のための体制強化の予算として総額約358億円が計上されたことになる。この各都道府県に設置される「地方消費者行政活性化基金」に対しては、国が「地方消費者行政活性化交付金」を交付する制度が導入された。これは、消費生活センターの新設、強化、消費生活相談員のレベルアップ等消費者行政の強化への取組みに対して、国としても基金への交付金を通じて支

消費者庁関連予算の概要

○消費者の安全・安心を確保するため、消費者庁を創設し、情報の一元的な集約・分析、消費者が必要とする情報の迅速な発信に取り組むとともに、消費者に身近な問題を取り扱う法律を企画立案、執行するなど、一元的な消費者行政を推進する（平成21年度予算）。
○地方の消費生活相談体制の強化については、都道府県に基金を造成するなど平成20年度補正予算で措置。
○平成21年度当初予算と平成20年度第1次補正予算、第2次補正予算を合わせて消費者の安全・安心確保のための体制強化策の予算として総額約358億円を計上。

平成21年度予算　約93億円

①情報の集約・分析機能や司令塔機能の整備
　「表示」「取引」「安全」に関する情報を一元的に集約、分析を行い、消費者への情報発信を行う。さらに、消費者安全法に基づき各省庁に対し司令塔として措置要求を行い、消費者の安全を確保する。

②消費者庁が所管する「表示」「取引」「安全」に関する法律の企画立案、執行
　景品表示法、JAS法、食品衛生法、特定商取引法、消費生活用製品安全法など消費者に身近な問題を扱う法律を幅広く所管し、消費者の利益を守るために企画立案、執行を行う。また、いわゆる「すき間事案」に対しては消費者安全法に基づき、消費者庁自らが対応する。

③その他の消費者利益の擁護等に係る施策の推進
　消費者基本法、消費者契約法、公益通報者保護法、個人情報保護法などの推進や消費者教育の充実・強化等を図る。

④消費者庁の定員に係る人件費等
　消費者庁長官以下204名の定員。
　情報分析、法執行等に専門的な知見を有する非常勤職員を活用。

平成20年度第1次補正予算　約10億円

①PIO-NET端末の追加配備
　現在配備されていない市町村を中心に当面500箇所に追加配備。

②商品テスト機能の強化
　国民生活センターの商品テスト機能拡充のため、機械設備の更新や機器の整備を行う。

平成20年度第2次補正予算　約255億円

①地方消費者行政活性化のための基金の造成
　都道府県に消費者行政活性化のための基金を造成し、市町村を含め消費生活センターの設置・拡充や相談員のレベルアップ等に取り組む地方公共団体を支援。

②国民生活センターによる地方支援事業
　経験豊富な相談員による指導の実施や相談員養成講座の拡充等を行うほか、国自らも国民生活センターを活用した地方支援事業を実施。

出典：消費者庁HPより

援を行っていこうとするものであり、地方における創意工夫を活かすためのメニュー方式を取り入れている。

(4) 定　員

　消費者庁の定員は、法案の消費者庁への移管、共管に伴い消費者庁に各省庁から移る事務に関連する各省庁の定員をベースに、内閣府、公正取引委員会、経済産業省、農林水産省、厚生労働省等10省庁から定員の移管を受け、当初定員202人体制で発足することとなった。また、消費者委員会事務局に2名の定員が配置された。このように、各省庁の定員を削って消費者庁に移管したことにより、基本的には、消費者庁設立を理由とした政府全体の定員

の増加は無く、消費者庁発足により政府の肥大化を招かない、という福田総理のもともとの指示、「取りまとめ」の内容は順守することができたと言える。また、定員以外にも非常勤職員等を多数活用して、消費者庁が発足後できるだけスムーズに動き出せるように配意した。振り返ってみれば、消費者庁が果たさなければならない機能の広範さに比して、この定員で十分であったとは言えないだろう。消費者庁設立後、毎年定員は着実に増加し、また、消費者庁としての新規採用も開始されている。設立後8年を経て、定員は約1.5倍の320名（平成28年度末）となっているが、今後のさらなる充実が望まれるところである。

（消費者庁への各省からの定員の移管）
内閣府：81名　公正取引委員会：44名　経済産業省：31名　農林水産省：21名　厚生労働省：10名　国土交通省、総務省：各3名　警察庁、金融庁、法務省：各1名　新規増員：6名

⑸　消費者委員会設立準備参与会

　また、消費者委員会の発足に向けての準備も始動し、委員会の前段階として消費者委員会設立準備参与会が立ち上げられた。参与会は、2009年7月1日から8月26日の間6回開催され、消費者委員会委員候補者10名で構成された[注]。

（注）当初、池田弘一、川戸惠子、櫻井敬子、佐野真理子、下谷内富士子、住田裕子、田島眞、中村雅人、林文子、松本恒雄の10名の参与で発足し、途中で林参与が退任、日和佐信子参与が後任で入り、8月31日には住田参与が退任。9月1日、消費者委員会は9名で発足した。

　参与会は、消費者委員会の設立に向けて多様なポイントについて活発に議論を行った。審議を行った主なポイントとしては、以下のとおりである。
①　委員会の役割と責務
②　委員会の具体的業務イメージおよび審議体制のあり方、委員長互選の方法、委員会運営規定
③　消費者庁に関連する法律（消費者安全法、特商法、景表法等）の説明

④　消費者庁の業務のあり方（情報の収集・処理体制、広報、地方との連携等）について

　また、参与会の議論の過程では、以下のようなかなり具体的な点が焦点となった。
①　組織法レベルで事実上の措置要求は可能か？　この点については、そのように捉えることもでき可能との回答が事務局からあった。
②　すき間概念の整理をしておくことが必要。
③　消費者庁と委員会の関係、特に情報の共有、事務局のあり方など。この点については、消費者庁との連携も大事であり、独立性とは矛盾しないとの意見が出された。
④　委員会として何をすべきか。この点については、従来の審議会方式はやめ、機動的に動く組織にすることで一致した。実際、消費者委員会は1年で33回の委員会を開催した。
⑤　委員会の下部組織として、部会、小委員会、専門調査会などが考えられるが、どのように整理するか。この点については最も時間を割いた。当初、部会を多く設置する案だったが、部会は極力少なくし、専門調査会をテーマごとに設置することになった。あくまでも委員会主導。実際には、委員会発足後、新開発食品と食品表示については部会を設置したが、それ以外は随時、専門調査会を立ち上げた。共管となった法律にもとづく審議事項は、委員会で対応した。
⑥　設置法8条の規定は、行政監視機能の条文化と考えられるが、具体的には、どう活用するか。
⑦　緊急時対応を考えておく必要はないか。この点については、具体的に、そのような場面はイメージしにくいので考慮することは必要ないのではないかとの意見が出された。

(6)　消費者庁・消費者委員会の設立
　上記のようなさまざまな準備手続きを経て、消費者庁および消費者委員会が2009年9月1日に設立された。福田総理による消費者庁構想の提唱から数えて約1年7か月であった。

（木村　茂樹）

（寄稿）消費者庁創設……時代を画する社会改革
（消費者行政一元化準備室長としての記憶）

　消費者庁の創設は、戦後復興期以来の産業育成、生産者の重視から、消費者、生活者の利益重視に価値観を転換するという、時代を画する改革であったと感じる。また、消費者庁という行政の組織改革の形をとりつつ、我々日本人が働き方、生き方を変えていく社会改革であったとも考えられる。

　消費者庁の設立までの経緯については、上記の「消費者庁および消費者委員会が設置に至るまで」（木村茂樹）に詳述されている。本稿は、消費者行政一元化準備室の室長として、各省庁や与野党などとの調整に当たることとなった筆者が、特に記憶に残ったことを記したものである。

1　改革のはじまり

　「各省庁縦割りになっている消費者行政を統一的、一元的に推進するための強い権限を持つ新組織を発足させます」。平成20年1月18日の福田康夫総理大臣の施政方針演説が改革のはじまりを告げる号砲だった。

　前年、平成19年9月に政権を発足させた福田総理は、前内閣までに明らかとなっていた年金記録問題、姉歯建築基準法違反事件、ミートホープ食品偽装事件など、国民の安心・安全を揺るがす問題の続発と行政による対応の不備を重く受け止め、政権発足当初から、あらゆる制度、政策のなかで、消費者、生活者の視点を強化することを最重要課題と位置づけていた。そして、総理の命を受け、すでに国民生活審議会（佐々木毅会長）では、政府のすべての制度、政策を消費者・生活者の視点から「総点検」する作業が開始されていた。しかし、この施政方針演説により、制度の見直しに留まらず、後に消費者庁となることになる「新組織」の設置を目指すことが明確にされたのである。

　演説が行われた日、内閣府の大臣官房総括審議官の任にあった私は、消費者行政に直接携わっていたわけではないが、事前に関係省庁と調整された演説草稿にはなかった「強い権限を持つ新組織」という言葉をテレビ中継で初めて聞き、総理の思いの強さに驚いたことを記憶している。

　その後の動きは目まぐるしかった。2月に入るや、岸田文雄内閣府特命担

当大臣が消費者行政推進担当大臣に任命された。さらに、新組織のあり方について検討を行う11名の有識者からなる「消費者行政推進会議」(佐々木毅座長。以下、「推進会議」)が設置された。私は内閣官房に新たに設置された「消費者行政一元化準備室」(以下、「準備室」)の室長を拝命した。

「準備室」は当初、数名の小所帯で慌ただしくスタートし、二橋正弘内閣官房副長官、坂篤郎内閣官房副長官補、また、内閣府の内田俊一事務次官とも相談しながら、順次、福富光彦次長、川口康裕参事官、木村茂樹参事官、三宅俊光参事官、笠原宏参事官をはじめ、人材を各府省庁から集めていった。そして、「準備室」は「推進会議」における多岐にわたる審議のための基礎資料の作成、関係省庁との調整、法案の準備、法案の国会審議が始まってからは国会審議への対応などに取り組むこととなった。

2 推進会議での議論

2月12日には第1回の「推進会議」が開催され、佐々木座長の下で、新組織のあり方について検討が始まった。議論すべき論点は多岐にわたり、各委員の見解が分かれる論点もあった。特に、新組織が消費者行政の司令塔として強い権限を持つことは当然として、事業者に対する法執行権限を持つことになる景品表示法や特定商取引法、食品衛生法などの法律を新組織が所管すべきか否かという点が最大の問題であった。また、消費者の安心・安全に関わる「表示」、「取引」、「安全」の3分野すべてを新組織が所管すべきか否かも論点となった。

福田総理はこの「推進会議」に毎回出席し、委員の意見に熱心に耳を傾けておられた。そして、4月23日の第6回会合において、総理自らの考えを示された。「新組織は表示、取引、安全のすべての分野を、法執行も含め所管すべきと考える」と。

こうした流れのなかで、新組織の機能の基本的なあり方については、「推進会議」の議論も収斂していった。そして、各省庁が所管している消費者関連法のうち、具体的にどの法律を消費者庁が所管すべきか、また、情報収集の仕組みや新組織の体制をいかに構築すべきか、といった具体論が審議の中心となっていった。

「推進会議」における議論と並行して、後述する各省庁との協議が進められ、審議スタートからわずか4か月後の6月13日には、「推進会議」として

の「取りまとめ」が行われたのである。この改革が行政全体に及ぼす影響の大きさを考えると、異例の迅速な進行であった。

3 各省庁との協議

　「推進会議」における議論の進展と並行して、数多くの消費者関係法を各省庁から新組織に移管することについて、具体的な協議が開始された。各省庁にとって、法律を移管することは権限、組織、予算の減少を意味することから、強い反対があったのは当然といえた。

　事務レベルの調整で決着することは少なく、重要な問題については岸田大臣が甘利明経済産業大臣、若林正俊農林水産大臣、冬柴鐵三国土交通大臣などの関係大臣と直接協議を行った。二橋官房副長官に側面から支援をしていただくこともあった。大臣折衝でもなかなか決着が付かない問題については、町村信孝官房長官に調停役になっていただき、官房長官室で再度大臣協議が行われた。白熱した議論が交わされたが、中でも、若林農林水産大臣が農林水産省の担当局長もみたことのないJAS法改正案の正に私案を示され、岸田大臣との間で議論が戦わされた場面が記憶に残っている。

　各省庁との協議のプロセスで、大臣協議とともに、もう１つ重要なターニング・ポイントがあった。それは公正取引委員会（竹島一彦委員長）の景品表示法のことである。公正取引委員会は当初、自らが「新組織」の中核になるべきとの立場をとり、消費者庁の新設には強く反対していた。しかし、新組織が表示、取引だけでなく安全も所管する方向となった時点で、その主張は急速に弱まっていった。そして、むしろ、消費者行政にとってきわめて重要な法律である公正取引委員会所管の景品表示法を新組織に移管することを了承したのである。公正取引委員会内部には強い反対論があったと思われるが、強い権限を持つ新組織を実現するためには不可欠の法律であり、大所高所から決断されたものと考えられる。私は、この決断は協議の渦中にあった他の省庁を動かす大きな力にもなったと感じた。

　福田総理からは終始「もっと多くの法律を消費者庁の所管に」と発破をかけられた。そして、最終的には、景品表示法、特定商取引法、食品衛生法、JAS法など消費者行政の中核となる30の重要な法律を消費者庁が所管することになった。

　この間、福田総理は常に自ら先頭に立って改革をリードされた。同時に、

消費者、生産者の安心・安全を求める強い世論があった。この世論を具体的な改革に結びつける「推進会議」の議論があった。さらに、終始、応援団の役割を果たした消費者団体などの行動があった。こうしたことがあって、最後には、各省庁の大臣や幹部、与党、経済界などの理解も得られたのではないかと感じる。

さらに、法律移管の作業と並行して、消費者被害に関する情報収集体制や消費者行政の推進体制を強化するとともに、法律による規制のスキ間を狙った悪徳商法等に対処するという全く前例のない規定を盛り込んだ新法、「消費者安全法案」が準備された。

平成20年の夏、「準備室」では秋に想定される臨時国会への法案提出を目指し、急ピッチで準備作業を進めていた。また、8月2日の内閣改造で岸田大臣の後任となった野田聖子消費者行政推進担当大臣を中心に、平成21年度に発足が予定される消費者庁の組織・定員、予算、とりわけ地方消費者行政の支援のための予算の確保などに全力で取り組んでいた。

そして、月が改まった9月1日。突然のことであったが、福田総理が辞任を表明された。名実ともに、福田総理のリーダーシップの下で推進されてきた消費者庁創設であるだけに、関係者からは驚きと不安の声が上がった。しかし、福田総理の強い想いを受け、消費者庁関連法案の閣議決定が福田総理在任中の9月19日に行われた。さらに、福田総理から引継ぎを受けた麻生太郎総理は、福田内閣と同様に、消費者庁の創設を重要課題と位置づけ、政権発足後間もない9月29日には関連法案の臨時国会への提出が閣議決定された。そして、同日、麻生総理は臨時国会における所信表明演説で、野党に消費者庁関連法案への賛同を強く呼びかけられたのである。

4　国会審議

当時の国会は参議院が与党少数のねじれ国会であった。そして、民主党は消費者庁関連法案とは内容が大きく異なる「消費者権利院法案」を準備していた。「消費者権利院」は自ら法律は所管せず、政府から一定の独立性を持って、各省庁に対しては行政処分の勧告等を、裁判所に対しては消費者被害の発生に際して行為の差し止め等の申し立てなどを行うという内容であった。

こうしたことから、消費者庁関連法案は国会に提出されたものの、いわゆ

る「つるし」の状態にされ、提案理由の説明さえさせてもらえない状態が続いた。法案の審議入りに野党の同意を得るべく、野田大臣が各方面に働きかけ、議院運営委員会の小此木八郎委員などにもご尽力をいただいたが、臨時国会では審議は行われず、継続審議の扱いとなった。

　その後も、野田大臣は平成21年の通常国会での成立を目指し、背水の陣で働きかけを強めていた。しかし、衆議院の任期満了を同年の9月に控え、解散・総選挙が予想されるなか、民主党は自らの考え方とは大きく異なる消費者庁法案の審議に入る意欲は薄く、膠着状況が続いていた。

　ある日、それまではほとんど接触していなかった国民新党の亀井静香代表代行に、野田大臣が審議入りのお願いに行こうということになった。四谷の事務所で野田大臣の話しを聞くや亀井代表代行は審議入りに賛意を示され、その場で民主党のキーパーソンに「政権を取ってからにしようというようなケチなことを考えるな。通常国会ではすぐに審議入りすべきだ」と電話していただいた。法案の審議入りに向け、これが1つの転機になったと感じた。

　通常国会では、1月5日に「消費者問題に関する特別委員会」が衆議院に設置された。民主党も政府の消費者庁関連法案と民主党の消費者権利院法案の双方を審議することで同意し、3月には船田元委員長の下、衆議院の特別委員会で審議が開始された。

　特別委員会での法案審議は野田担当大臣に加え、日によって農林水産、厚生労働、経済産業、国土交通などの関係大臣も出席するという異例の対応がとられた。連日、長時間にわたり審議が続けられ、参考人質疑も行われた。消費者団体、地方自治体、法曹界などからの参考人の多くから、法律を自ら所管し、大臣が責任を持って対応する消費者庁の仕組みのほうが望ましいとの考えが示された。野党からは「準備室」が参考人のところにまで政府案の説明に行くのは問題だといった批判もされたが、消費者庁の創設がより望ましいという声が大勢になっていった。

　特別委員会での法案審議も機が熟し、理事会で与野党理事による修正協議が行われることになった。自民党の岸田文雄筆頭理事（前担当大臣）、公明党の大口善徳理事、民主党の仙谷由人筆頭理事などが長時間にわたる協議を重ね、また、水面下では参議院民主党の松井孝治特別委員会筆頭理事も加わって、政府案（消費者庁関連法案）に民主党の消費者権利院法案の考え方をできるだけ取り入れる方向で調整が進められた。そして、消費者政策委員会を

消費者委員会と名称変更し、その権限を強化するとともに、消費者庁ではなく内閣府に設置するなどの修正を行うことで与野党が合意に達した。

これにより衆議院での58時間の審議を経て、4月17日には修正された消費者庁関連法案は衆議院特別委員会および本会議において全会一致で可決された。法案は直ちに参議院に送付され、4月22日には「消費者問題に関する特別委員会」（草川昭三委員長）で審議が開始され、30時間の質疑を経て、5月29日の本会議で全会一致で可決・成立した。衆議院、参議院合わせて88時間に及ぶ長丁場の審議であったが、獅子奮迅の答弁を続けられた野田大臣を先頭に乗り切ることができた。

法案成立後の6月4日、総理官邸で総理と法案関係者との懇談会が開催された。麻生総理、「推進会議」の佐々木座長、そして、消費者庁設立に向けて、終始応援団となった消費者団体等を糾合したユニカねっとの佐野真理子代表幹事、日本弁護士連合会の石戸谷豊消費者行政一元化推進本部事務局長が挨拶をされ、福田前総理が乾杯の音頭をとられた。福田前総理は挨拶のなかで、消費者庁関連法案を成立まで仕上げていただいたと、麻生総理に深く感謝の意を表された。政治的には解散、総選挙の時期が近づき、対決ムードが高まっていたが、その日ばかりは、与野党の関係議員も多数出席し、ともに法案成立を祝う場となった。

ここに至るまで「準備室」では、職員が一丸となって困難な業務に取り組んできた。各省庁からの出向者を集めて新たに作られた組織では、ややもすると、職員が親元組織との間にはさまれ、力を十分発揮できないといったことが起こりがちといわれる。しかし、「準備室」では、総理が主導する内閣の最重要課題を担当するという緊張感、高揚感が支配的であり、そうしたことは全く問題にはならず、ゴールに到達できたのではないかと感じた。

法案の成立後、日々発生する消費者問題の状況などを踏まえれば、消費者庁は一刻も早く発足することが求められていた。そして、消費者庁及び消費者委員会設置法の施行日政令によって、平成21年9月1日に発足することが決定された。しかし、その前々日にあたる8月30日の総選挙により与党が敗北し、政権交代が行われることが決まった。消費者庁は多難なスタートを切ることとなったのである。

5 最後に

　消費者行政一元化準備室長としての得がたい経験を通じて、私が最も強く感じたことは、「時代の要請」があり「総理が決断」をされれば、日本の行政も大きく変わり得るということである。

　福田総理は、「新たな消費者行政の体制強化は、消費活動はもちろん、産業活動を活性化するものでなければならない。消費者の利益にかなうことは、企業の成長をもたらし、産業の発展につながるものである」と発言されている。日本経済は、消費者利益の重視なくして新たな発展のステージには立てない。そうした「時代状況」を深く読み取り、総理に就任されるや改革を決断し、実行に移されたのだと感じた。

　消費者庁・消費者委員会は発足から8年余が経ったが、この間、多くの困難を乗り越えながら、法律の執行、法律改正、新法の制定、体制の整備などに大きな成果を挙げてきた。

　改めて現時点で、消費者を取り巻く環境をみると、第4次産業革命、イノベーション5.0と呼ばれる新たな技術革新やシェアリング・エコノミーの拡大などに対応して、消費者行政も一層進化していくことが求められる。さらに、世界的な保護貿易主義の台頭が懸念されるなかにあって、消費者利益の拡大に資する貿易の仕組みを維持・強化していくことが重要課題になっている。これらの新たな課題への取組みを含め、消費者庁・消費者委員会が今後果たすべき役割は益々大きいと考えられる。

（注1）官職名はすべて当時のもの。
（注2）消費者庁設立までの包括的な経緯等については川口康裕「消費者庁関連3法案の策定とその成立過程」（名古屋大学法政論集270号（2017年））も参照されたい。

（松山　健士）

第3章　消費者庁および消費者委員会が取り組んできたこと

　消費者庁および消費者委員会が設置されたことで、消費者行政に関わる多くの取組みが可能になったが、同時に、消費者を取り巻く事故やトラブルが日々起こり、その対応にも追われた。

　消費者庁は、消費者基本法の改正を受けて 2013 年（平成 25 年）から『消費者白書』を毎年刊行し、その年の特集を組んでいる。

○平成 25 年特集；高齢者の消費者トラブル
○平成 26 年特集；食をめぐる消費者問題～食への信頼の回復と安心の確保に向けて～
　　　　　　　　情報通信の発達と消費者問題～ネット社会に消費者はどう向き合うか～
○平成 27 年特集；グローバル化の進展と消費者問題
○平成 28 年特集；地方消費者行政の充実・強化に向けて
○平成 29 年特集；若者の消費

　『消費者白書』では、「消費者施策の実施の現状」も毎年掲載している。
　消費者委員会は、2010 年（平成 22 年）から、毎年度の活動報告をまとめて公表している（当初は、紙媒体。現在はネット版）。
　消費者庁および消費者委員会の設立後 7 年余りの取組みについて、年次別に以下に紹介する。

年次	消費者庁の取組み	消費者委員会の取組み
2009年	・地方消費者行政活性化基金創設 ・消費者庁発足（初代長官　内田俊一氏） ・「食品SOSプロジェクト―エコナを例にして―」発足（特定保健用食品花王エコナ関連製品への対応） ・消費者庁工程表発表 ・「集団的消費者被害救済制度研究会」設置 ・「健康食品の表示に関する検討会」開催 ・仮想空間サービス業に係る特商法違反の連鎖販売業者に行政処分 ・事故情報分析タスクフォース発足 ・子どもを事故から守る！プロジェクト発足	・消費者委員会発足（初代委員長　松本恒雄氏） ・エコナ問題への対応を検討 ・第2期消費者基本計画、消費者安全の確保に関する基本方針策定へ意見 ・「新開発食品調査部会」設置 ・「食品表示部会」設置 ・「消費者安全専門調査会」設置 ・「個人情報保護専門調査会」設置 ・「公益通報者保護専門調査会」設置 ・「地方消費者行政専門調査会」設置 ・地方消費者行政充実化に向けて意見書公表
2010年	・消費者ホットライン　全国で運用開始（国センが土日祝日の相談対応開始） ・新たな手口による詐欺的商法に関する検討チーム設置 ・「地方消費者行政充実・強化のためのプラン」公表 ・地方消費者行政推進本部設置 ・第2期消費者基本計画策定 ・「消費者安全の確保に関する基本的な方針」内閣総理大臣決定 ・カシミヤの表示を偽ったテレビ通販会社に景表法上の措置命令	・「未公開株投資詐欺被害対策について（提言）」（金融庁等） ・「消費者安全法に基づく国会報告について、今後重視されるべき基本的視点」を発表 ・「こんにゃく入りゼリーによる窒息事故への対応及び食品の形状・物性面での安全性についての法整備に関する提言」（消費者庁等） ・「集団的消費者被害救済制度専門調査会」設置 ・初の建議「自動車リコール制度に関する建議」（国交省等）

	・事故情報データバンク開始（国民生活センターと連携） ・消費者安全法にもとづき「消費者事故等に関する情報の集約及び分析の取りまとめ結果」を国会に報告（約半年ごと、その後『消費者白書』に所収） ・食品 SOS 対応プロジェクト、こんにゃく入りゼリーについて報告書 ・地方協力課を設置 ・不用品回収に係る特商法違反の訪問販売業者に行政処分 ・第 2 代長官に福嶋浩彦氏が着任 ・事故情報対応チームが発足 ・医療機関ネットワーク事業開始 ・こんにゃく入りゼリーのリスクについて報告書（製造、販売の改善を要望） ・国民生活センターの在り方の見直しに係るタスクフォースの立上げ ・「健康食品の表示に関する検討会」論点整理公表 ・「栄養成分表示検討会」開催	・「決済代行業者を経由したクレジットカード決済によるインターネット取引の被害対策に関する提言」 ・「有料老人ホームの前払金に係る契約の問題に関する建議」（厚労省）
2011 年	・「トランス脂肪酸の情報開示に関する指針」公表 ・震災に関する悪質商法 110 番開設 ・冊子『食品と放射能 Q&A』発表。消費者とのリスクコミュニケーション（意見交換会）を全国で展開	・「公益通報者保護制度の見直しについての意見」（消費者庁） ・「地方消費者行政活性化に向けた対応策についての建議」（国による地方支援策の検証等）（消費者庁等）

		・焼肉酒家えびすのユッケの食中毒事件を受けて生肉の摂取を控えるよう呼びかけ ・小麦アレルギーの発症が相次いだ「茶のしずく石鹸」問題で注意を呼びかけ ・決済代行者の登録制度を開始 ・貴金属の押し買い問題で研究会設置 ・「食品表示一元化検討会」開催 ・海外ショッピング等のトラブルに対応する「越境消費者センター」を開設（2015年4月国民生活センターに移行） ・経営破たんした安愚楽牧場（和牛商法）に景表法にもとづく措置命令 ・「栄養成分表示検討会報告書」公表	・「マンションの悪質な勧誘の問題に関する建議」（国交省等） ・「消費者安全行政の抜本的強化に向けた対応策についての建議」（重大事故等の情報の収集強化・収集範囲拡大等）（消費者庁等） ・「国民生活センターの在り方の見直し」に関する検討についての意見 ・「特定保健用食品の表示許可制度についての提言」（更新制の導入を求める等）（消費者庁） ・「原料原産地表示拡大の進め方についての意見」 ・「住宅リフォームに関する消費者問題への取組についての建議」（国交省） ・第2次消費者委員会発足（委員長は河上正二氏） ・「貴金属等の訪問買取り被害抑止と特定商取引法改正についての提言」（消費者庁等） ・「エステ・美容医療サービスに関する消費者問題についての建議」（厚労省等） ・「特定保健用食品の表示許可制度専門調査会」設置 ・「消費者契約法改正に向けて調査作業チーム」設置
2012年	・風力発電の投資勧誘トラブルで	・「公共料金問題についての建議」

	事業者名を公表 ・「国民生活センターの国への移行を踏まえた消費者行政の体制の在り方に関する検討会」設置 ・「公共料金に関する検討会」設置 ・LED 電球の明るさ表示で12社に景表法上にもとづく措置命令 ・ソーシャルゲームのコンプガチャを景表法の運用基準を改正し、禁止 ・「地方消費者行政充実のための指針」取りまとめ ・消費者基本法改正（政府が講じた消費者政策の実施状況を毎年国会に報告） ・消費者安全法改正（消費者安全調査委員会の設置、消費者の財産被害事案に対する行政措置を追加） ・「食品表示一元化検討会」報告書公表 ・第3代長官に阿南久氏着任 ・消費者教育推進法が成立 ・改正特定商取引法が成立（訪問購入の規制を新設） ・消費者安全調査委員会を設置（初代委員長は、畑村洋太郎氏） ・高齢者トラブル未然防止キャンペーン開始 ・食品ロス削減の国民運動展開開始	（決定過程の透明化と消費者の参画）（消費者庁　経産省　国交省） ・「違法ドラッグ対策に関する提言」（厚労省） ・地方消費者委員会開始（仙台、松山、千葉、名古屋、山口、大分） ・「地方消費者行政の持続的な展開とさらなる充実・強化に向けた支援策についての建議」（消費者庁　総務省） ・「医療機関債に関する消費者問題についての提言」（消費者庁　厚労省） ・「電気通信事業者の販売勧誘方法の改善に関する提言」（総務省等） ・「公共料金等専門調査会」設置

年		
2013年	・子どもを事故から守るプロジェクト「アブナイカモ」作戦展開 ・「地方消費者行政に対する国の財政措置の活用に関する一般準則」策定 ・第1期消費者教育推進会議発足 ・消費者庁、初の新卒プロパー職員採用 ・通信速度の表示について景表法にもとづき措置命令 ・食品表示法制定　栄養成分表示義務化 ・初の『消費者白書』刊行 ・カネボウ化粧品白斑問題で使用中止を呼びかけ ・「消費者安心戦略」公表 ・「消費者庁の使命」発表 ・消費者裁判手続特例法制定 ・メニュー偽装表示問題でホテル等に景表法にもとづく措置命令（2014年に景表法上の考え方を公表） ・「食品の新たな機能性表示制度に関する検討会」開催	・「『健康食品』の表示等の在り方に関する建議」（消費者庁　厚労省） ・「消費者事故未然防止のための情報周知徹底に向けた対応策についての建議」（消費者庁　経産省） ・「地方消費者行政の体制整備の推進に関する建議」（小規模市町村の底上げ等）（消費者庁） ・「詐欺的投資勧誘に関する消費者問題についての建議」（消費者庁　金融庁等） ・第3次消費者委員会発足（委員長は河上正二氏） ・「景品表示法における不当表示に係る課徴金制度等に関する専門調査会」設置（設置法6条2項2号に基づく諮問を受けた調査審議） ・地方消費者委員会（米沢、札幌、金沢、大津）
2014年	・消費者安全調査委員会が、初の評価書公表（ガス湯沸かし器事故） ・「地方消費者行政強化作戦」公表 ・トラブルの多い悪質海外サイトを公表 ・2013年の消費者被害額が6兆円にのぼるとする推計結果を公表	・「適格機関投資家特例業務についての提言」（金融庁） ・「消費者契約法専門調査会」設置（設置法6条2項2号に基づく諮問を受けた調査審議） ・「クレジットカード取引に関する消費者問題についての建議」（消費者庁　経産省）

	・貴金属等に係る特商法違反の訪問購入業者に特商法上の行政処分 ・改正景品表示法が成立（課徴金制度を導入　都道府県に措置命令権を付与） ・改正消費者安全法が成立（消費者安全確保地域協議会設置　消費生活相談員の職を法律に位置付け等） ・消費者教育・地方協力課、消費者調査課を新設 ・第4代長官　坂東久美子氏着任 ・「消費者志向経営の取組促進に関する検討会」開催 ・国際協力機構（JICA）が実施する対ベトナム技術協力「消費者保護行政強化プロジェクト」へ協力 ・「外食等におけるアレルゲン情報の提供の在り方検討会」開催 ・「食品の新たな機能性表示制度に関する検討会報告書」公表 ・「外食等におけるアレルゲン情報の提供の在り方検討会中間報告」公表	・「教育・保育施設等における事故情報の収集及び活用に関する建議」（内閣府　消費者庁　文科省　厚労省） ・「商品先物取引法における不招請勧誘禁止規制の緩和策に対する意見」 ・「『パーソナルデータの利活用に関する制度改正大綱』に関する意見」 ・景表法の課徴金制度の導入等について消費者庁に答申 ・地方消費者委員会を地方消費者シンポジウムに改称（広島、長野、静岡）
2015年	・第3期消費者基本計画策定 ・「機能性表示食品制度」導入 ・「公益通報者保護制度の実効性の向上に関する検討会」設置 ・消費生活相談体制空白地帯解消	・「特定商取引法専門調査会」設置（設置法6条2項2号に基づく諮問を受けた調査審議） ・「美容医療サービスに係るホームページ及び事前説明・同意に

	・消費者相談ホットライン三ケタ化「188番」 ・「倫理的消費検討会」設置 ・子どもの医薬品誤飲防止に向けて消費者安全調査委員会が提言 ・「消費者の安全・安心暮らし戦略2015」公表 ・消費者庁及び国民生活センターの徳島移転問題が浮上（政府関係機関移転に関する有識者会議） ・「食品のインターネット販売における情報提供の在り方懇談会」開催	関する建議」（厚労省） ・「電子マネーに関する消費者問題についての建議」（加盟店管理等）（金融庁） ・「商業施設内の遊戯施設における消費者安全に関する建議」（消費者庁　経産省） ・「特定保健用食品等の在り方に関する専門調査会」設置 ・「消費者行政における新たな官民連携の在り方ワーキング・グループ」設置 ・第4次消費者委員会発足（委員長は河上正二氏） ・地方消費者シンポジウム（徳島、京都、浦添、松江、小田原）
2016年	・「機能性食品表示制度における機能性関与成分の取扱い等に関する検討会」開催 ・「加工食品の原料原産地制度に関する検討会」開催 ・「特別用途食品制度に関する検討会」開催 ・ライオンの特保飲料に健康増進法違反、再発防止を勧告 ・「『機能性表示食品』制度における機能性に関する科学的根拠の検証—届け出られた研究レビューの質に関する検証事業報告書」公表 ・「消費者志向経営の取組促進に	・消費者契約法、特定商取引法の改正について消費者庁に答申 ・官民連携による見守りシンポジウム開催 ・「健康食品の表示・広告の適正化に向けた対応策と特定保健用食品の制度・運用見直しについての建議」（消費者庁） ・「若年層を中心とした消費者教育の効果的な推進に関する提言」（消費者庁　文科省） ・電力託送料金に関する調査会設置（設置法6条2項2号に基づく諮問を受けた調査審議）、査定方法等に関し消費者庁に答申

	関する検討会報告書」公表 ・消費者庁等徳島移転の試行（3月、7月） ・改正特定商取引法成立（悪質事業者への対応強化、電話勧誘販売における過量販売規制新設など） ・改正消費者契約法の成立（不実告知取消に関する重要事項の拡大など） ・「消費者団体訴訟制度の実効的な運用に関する支援の在り方に関する検討会報告書」公表 ・消費者庁の移転検討は、「消費者行政新未来創造オフィスを設けて3年後を目途に見直す」と、河野太郎担当大臣が表明 ・日本サプリメント㈱特保商品認可取り消し ・日本健康・栄養食品協会に特保商品の調査依頼 第5代長官　岡村和美氏着任 ・消費者志向経営促進キックオフシンポジウム開催 ・キッセイ薬品工業㈱特別用途食品に成分不足発覚 ・「加工食品の原料原産地表示に関する検討会中間取りまとめ」公表 ・「特別用途食品制度に関する検討会報告書」公表 ・「食品のインターネット販売に	・「『電力小売自由化について注視すべき論点』に関する消費者委員会意見」 ・「頼りになる消費生活相談窓口のためのヒント」公表 ・「スマホゲームに関する消費者問題についての意見〜注視すべき論点〜」 ・地方消費者シンポジウム（前橋、福岡、甲府）

	・おける情報提供の在り方懇談会報告書」公表 ・第1回消費生活相談員資格試験実施 ・「機能性表示食品制度における機能性関与成分の取扱い等に関する検討会報告書」公表 ・「公益通報者保護制度検討会最終報告書」公表	
2017年	・三菱自動車燃費不正問題で景表法違反として初の課徴金納付を命ず ・日本サプリメント㈱特保商品に景表法にもとづく措置命令 ・滋賀県野洲市に被害者情報を初めて提供 ・「地方消費者行政充実・強化に向けた支援策のあり方に関する検討会」設置 ・家庭用永久磁石磁気治療器に係る預託法及び特商法（訪問販売・連鎖販売取引）違反の事業者に行政処分 ・消費者行政未来創造オフィス設立準備室設置 ・国民生活センター法等の一部を改正する法律案可決（特定適格消費者団体が仮差し押さえをする際の担保を国民生活センターが代わって立てることができる） ・倫理的消費調査研究会取りまとめ公表	・「成年年齢引下げ対応検討WG報告書」公表 ・「身元保証等高齢者サポート事業に関する消費者問題についての建議」（消費者庁　厚労省　国交省） ・事故情報の分析手法検討開始（消費者安全専門調査会） ・子ども向け広告のあり方を考えるシンポジウム開催 ・「電力・ガス小売自由化に関する課題についての消費者委員会意見」 ・地方消費者シンポジウム（盛岡）

	・「遺伝子組換え表示制度に関する検討会」開催 ・日本サプリメント（株）に景表法に基づく課徴金納付命令 ・三菱自動車工業（株）及び日産自動車（株）に景表法に基づく課徴金納付命令	

消費者庁および消費者委員会が取り組んできたこと（資料）

1　消費者行政の基本的な枠組み

消費者行政の基本的な枠組み

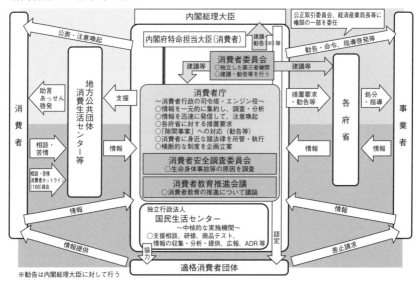

出典：平成28年版消費者白書

　消費者行政の基本的枠組みは上図のようになる。消費者からの相談や苦情を受け付け、解決にあたるのは、全国各地に設置された消費生活センター、消費生活相談窓口だ。2015年（平成27年）3月末、すべての自治体に設置された。

　消費者庁は、消費者行政の司令塔として位置づけられている。全国の消費生活センター等に寄せられた苦情や相談などの情報を一元的に集約し、景品表示法、特定商取引法などの法律の執行、注意喚起などの情報提供を行っている。地域の消費者行政の支援や消費者教育の推進も担っている。また、食品表示法、消費者裁判手続法などの新たな法律の制定や景品表示法に課徴金制度を導入、消費者契約法や特定商取引法などの法律改正に取り組んでいる。

　国民生活センターは、消費者基本法に消費者行政における中核的な実施機関として位置づけられている。PIO-NETを通じた消費生活相談情報の収

集・分析や商品テストに取り組んでいる。消費生活センター等で解決が困難な相談に関するアドバイスも実施、消費者行政担当職員や消費生活相談員に向けての研修も実施している。最近は、ADR活動（裁判外の紛争解決の仕組み）にも取り組んでいる。

　消費者委員会は、さまざまな消費者問題について、自ら調査・審議を行い、消費者庁を含む関係省庁に建議等の意見表明を行い、消費者行政全般に対する監視機能を果たす第三者機関になる。また、内閣総理大臣、関係大臣、消費者庁長官の諮問に応じて、調査・審議を実施する審議機能も持つ。

2　「地方消費者行政強化作戦」の進捗状況

「地方消費者行政強化作戦」の進捗状況

項目	内容
〈政策目標1〉相談体制の空白地域解消 1-1　相談窓口未設置の自治体を解消	【2015年3月末　→　2016年4月1日】 〈未設置地方公共団体〉 0市町村　→　0市町村
〈政策目標2〉相談体制の質の向上 2-1　消費生活センター設立促進 　①人口5万人以上の全市町 　②人口5万人未満の市町村50%以上 【消費生活相談員】 2-2　管内自治体の50%以上に配置 2-3　資格保有率を75%以上に引き上げ 2-4　研修参加率を100%に引き上げ（各年度）	【2015年4月1日　→　2016年4月1日】 〈達成都道府県（設置・配置市町村数、資格保有者数等）〉 20府県　→　24府県　（469市区町→485市区町） 12道県　→　15道県　（413市町村→467市町村） 38都道府県　→　39都道府県 　　　　　　　　　　　（1,288市区町村　→　1,327市区町村） 24都道府県　→　22都道府県　（2,659人→2,701人） 5県　→　9県　　（平均参加率：89.9%→91.8%）
〈政策目標3〉適格消費者団体の空白地域解消 3-1　適格消費者団体が存在しない3ブロック（東北、北陸、四国）に適格消費者団体の設立促進	【2015年4月1日　→　2017年4月1日】 〈適格消費者団体数〉 12団体　→　14団体 「NPO法人消費者ネットおかやま」（2015年12月8日認定） 「NPO法人佐賀消費者フォーラム」（2016年2月23日認定）
〈政策目標4〉消費者教育の推進 4-1　消費者教育推進計画の策定、消費者教育推進地域協議会の設置（全都道府県・政令市）	【2015年10月末　→　2016年10月末】 〈推進計画の策定〉 30都道府県・6政令市→41都道府県・12政令市 〈推進地域協議会の設置〉 39都道府県・11政令市→45都道府県・14政令市
〈政策目標5〉「見守りネットワーク」の構築 5-1　消費者安全確保地域協議会の設置 　（人口5万人以上の全市町）	【2017年1月時点】 〈設置自治体数〉　21市町

出典：平成29年版消費者白書

3 地方消費者行政推進交付金の制度概要

地方消費者行政推進交付金の制度概要

- ○消費者行政の充実・強化に取り組む地方自治体を支援(「消費生活相談体制の整備」と「消費者問題解決力の高い地域社会づくり」)
- ○地域の事情に応じた取組が可能となるよう、メニュー方式により支援
- ○国から提案する政策テーマに応じて、地方自治体が企画する先駆的プログラムを実施
- ○毎年度の交付金の支出限度額は、各都道府県(管内市町村を含む)の消費者行政予算の総額の2分の1まで(被災4県は3分の2まで)
- ○交付金の配分に当たりインセンティブを付与(相談体制の質の向上、相談員の処遇改善)
- ○基金と異なり、単年度ごとに精算(やむを得ない場合は繰り越し)

約493億円

- ○地方消費者行政活性化基金
  - 20年度2次補正 150億円 21年度補正 80億円
  - 24年度当初 5億円(一般会計)／3.6億円(復興特会※)
  - 24年度補正 60.2億円
  - 25年度当初 5億円(一般会計)／7.3億円(復興特会※)
  - 25年度補正 15億円
  - 26年度当初 30億円(一般会計)／7.0億円(復興特会※)
- ○地方消費者行政推進交付金
  - 26年度補正 20億円
  - 27年度当初 30億円(一般会計)／4.8億円(復興特会※)
  - 27年度補正 20億円
  - 28年度当初 30億円(一般会計)／4.8億円(復興特会※)
  - 28年度補正 20億円

※被災4県(岩手、宮城、福島、茨城)が対象

事業メニュー

1. 消費生活相談機能整備・強化事業
   - ・消費生活センターの整備(広域連携による整備を含む)
   - ・専門的な消費生活相談への対応力強化(弁護士等専門家の活用)
   - ・商品テスト機能の強化
   - ・裁判外紛争処理機能の強化
2. 消費生活相談員養成事業
   - ・消費生活相談員の計画的・集中的な養成
3. 消費生活相談員等レベルアップ事業
   - ・消費生活相談員等の研修
4. 消費生活相談体制整備事業
   - ・消費生活相談員の配置・増員、処遇改善
5. 市町村の基礎的な取組に対する支援事業
   - ・都道府県による市町村支援
6. 地域社会における消費者問題解決力の強化に関する事業
   - ・消費者教育の推進
   - ・地域の見守りネットワーク推進
   - ・地域のリーダー育成 ・消費者団体の支援
   - ・事業者指導や法執行強化 ・先駆的プログラム 等
7. 消費者安全法46条2項に基づく法定受託事務
   - ・事業者への立入調査

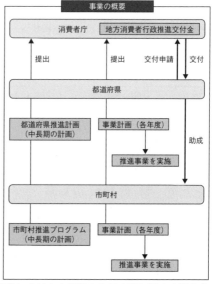

事業の概要

出典:第1回地方消費者行政充実・強化に向けた支援策のあり方等に関する研究会

4 消費者庁が行った法執行・行政処分等

消費者庁が行った主な法執行・行政処分等（年度別件数）

〈消費者安全法の規定に基づく注意喚起、勧告等〉

	2012年度	2013年度	2014年度	2015年度	2016年度
件　数	6	9	11	9	10

〈不当景品類及び不当表示防止法の規定に基づく消費者庁の措置命令〉

	2012年度	2013年度	2014年度	2015年度	2016年度
件　数	37	45	30	13	27

〈不当景品類及び不当表示防止法の規定に基づく消費者庁の課徴金納付命令〉

	2012年度	2013年度	2014年度	2015年度	2016年度
件　数	―	―	―	―	1

〈不当景品類及び不当表示防止法の規定に基づく消費者庁による課徴金納付命令に係る返金計画の認定・不認定〉

	2012年度	2013年度	2014年度	2015年度	2016年度
件数（認定／不認定）	―	―	―	―	2/1

〈特定商取引に関する法律の規定に基づく消費者庁の業務停止命令及び指示〉

	2012年度	2013年度	2014年度	2015年度	2016年度
件　数	40	21	40	34	28

〈特定商品等の預託等取引契約に関する法律（預託法）の規定に基づく消費者庁の業務停止命令及び措置命令〉

	2012年度	2013年度	2014年度	2015年度	2016年度
件　数	0	0	0	0	4

〈特定電子メールの送信の適正化等に関する法律の規定に基づく消費者庁の措置命令〉

	2012年度	2013年度	2014年度	2015年度	2016年度
件　数	8	7	7	7	0

〈家庭用品品質表示法の規定に基づく消費者庁の指示〉

	2012年度	2013年度	2014年度	2015年度	2016年度
件　数	9	20	4	7	35[※1]

〈食品表示法の規定に基づく消費者庁の指示・命令〉

	2012年度	2013年度	2014年度	2015年度	2016年度
件　数	1[※2]	0[※2]	0[※2]	0	0

〈健康増進法の規定に基づく消費者庁の勧告〉

	2012年度	2013年度	2014年度	2015年度	2016年度
件　数	0	0	0	1	0

※1　家庭用品品質表示法では、同法第4条第1項の指示に従わない場合に同条第3項にて公表することができるとされており、2016年度に行った指示のうち、指示に従わなかった事業者がいなかったため、内容の概要等は掲載しない。
※2　2014年度以前は、農林物質の規格化等に関する法律に基づく消費者庁の改善命令件数。

出典：平成29年版消費者白書

5 第3期消費者基本計画（2015年～2019年）

5年間で取り組むべき施策の主な内容（項目）

①消費者の安全の確保	②表示の充実と信頼の確保	③適正な取引の実現
(1)事故の未然防止 (2)事故等の情報収集と発生・拡大防止 (3)原因究明調査と再発防止 (4)食品の安全性の確保	(1)景品表示法の普及啓発・厳正な運用 (2)商品・サービスに応じた表示の普及・改善 (3)食品表示による適正な情報提供・関係法令の厳正な運用	(1)横断的な法令の厳正な執行、見直し (2)商品・サービスに応じた取引の適正化 (3)情報通信技術の進展に対応した取引の適正化 (4)犯罪の未然防止・取締り (5)規格・計量の適正化
④消費者が主役となって選択・行動できる社会の形成	⑤消費者の被害救済、利益保護の枠組みの整備	⑥国や地方の消費者行政の体制整備
(1)政策の透明性確保と消費者意見の反映 (2)消費者教育の推進 (3)消費者団体、事業者・事業者団体等の取組の支援・促進 (4)公正自由な競争の促進と公共料金の適正性の確保 (5)環境に配慮した消費行動等の推進	(1)被害救済、苦情処理、紛争解決の促進 (2)高度情報通信社会の進展への対応 (3)グローバル化の進展への対応	(1)国の組織体制の充実・強化 (2)地方における体制整備

出典：平成29年版消費者白書

消費者の安全・安心暮らし戦略2016

個人消費の喚起（消費者マインドの喚起）
消費者被害の防止・救済の取組を進め、消費者の安全・安心の確保を図る。
（経済財政運営と改革の基本方針2016）

消費者基本計画工程表（2016年7月19日改定）を踏まえ、消費者行政の新たな未来の創造に取り組むとともに、地方と連携した体制整備、制度の実効性の確保・向上、多様な消費への対応等に取り組む。

Ⅰ．消費者行政の新たな未来の創造

1. 新たな調査・研究機能の整備

①相談者の世代別ライフスタイル分析
②障がい者等消費者の特性を踏まえた被害実態等の分析
③インターネット通販被害の背景分析
④行動経済学等を活用した消費行動等の分析・研究

2. 全国展開を見据えた地方モデルプロジェクトの始動

①食品ロス削減の普及啓発
②子供の事故防止に向けた地域の関係者との協働
③地方でのエシカルラボ開催等を通じた倫理的消費の普及
④栄養成分表示等の活用に向けた消費者教育
⑤若年者への消費者教育推進
⑥健康食品等のリスコミ推進体制構築
⑦中小企業を含めた消費者志向経営の推進

3. 消費者庁・国民生活センターのイノベーション

①徳島県での消費者行政新未来創造オフィス（仮称）の整備
②ICT等の活用を通じた働き方改革
③研修の充実等を通じた職員の育成・能力強化
・地方公共団体での研修の強化
・生命・身体分野に係る海外の事故調査機関における研修への職員派遣
④服務規律対応の強化
⑤情報セキュリティ対策の向上

Ⅱ．地方と連携した体制整備

①どこに住んでいても質の高い相談・救済を受けられる地域体制の整備・充実
②高齢者等の見守りネットワークの構築・推進
③消費者ホットライン（188）の周知・活用促進
④消費生活相談員への研修の充実

Ⅲ．制度の実効性の確保・向上

①改正特定商取引法・改正消費者契約法の施行・周知
②特定適格消費者団体による被害回復の促進
③公益通報者保護制度の実効性の向上
④健康食品のインターネット広告等の信頼性確保に向けた監視強化

Ⅳ．多様な消費への対応等

①越境取引増加に伴うトラブルへの対応
②訪日・在日外国人の消費の安全の確保
③食品表示の充実による多様な選択機会の確保
④機能性表示食品制度等の適切な運用体制強化
⑤物価モニター調査の充実

出典：平成29年版消費者白書

消費者基本法において、消費者の利益の擁護および増進に関する総合的な施策が「消費者政策」とされている。さらに、長期的に講ずべき消費者政策の大綱等は「消費者基本計画」として、閣議決定で定められる。第3期消費者基本計画の主な内容は上記図のとおりである。毎年度、施策の実施状況につき、消費者委員会の意見を聞いた上で検証・評価・監視を行い、必要に応じて改定を行っている。

6 「消費者事故等」と「重大事故等」・「多数消費者被害実態」の関係（消費者安全法に定める消費者事故等の概念図）

「消費者事故等」と「重大事故等」・「多数消費者財産被害事態」の関係

消費者事故等		
生命身体事故等（法第2条第6項）		**財産に関する事態（法第2条第5項第3号）**
（法第2条第5項第1号）〈被害が発生した事故〉 ・消費者による、商品等・役務の使用等に伴い生じた事故 ・死亡、負傷又は疾病（1日以上の治療期間）、一酸化炭素中毒等	（法第2条第5項第2号）〈事故発生のおそれのある事態〉 消費安全性を欠く商品等・役務の使用等が行われた事態のうち、左の事故が発生するおそれがあるものとして政令で定める要件に該当するもの	（法第2条第5項第3号） 消費者の利益を不当に害し、又は消費者の自主的かつ合理的な選択を阻害するおそれがある行為であって政令で定めるものが事業者により行われた事態
重大事故等		**多数消費者財産被害事態** 上の事態のうち、同号に定める行為に係る取引であって次のいずれかに該当するものが事業者により行われることにより、多数の消費者の財産に被害を生じ、又は生じさせるおそれのあるもの
（法第2条第7項第1号） 上の事故のうち被害が重大なもの（死亡、負傷又は疾病（30日以上の治療期間）、一酸化炭素中毒等）	（法第2条第7項第2号） 上の事態のうち左の事故を発生させるおそれがあるものとして政令で定める要件に該当するもの（火災等）	（法第2条第8項第1号） 消費者の財産上の利益を侵害することとなる不当な取引であって、事業者が消費者に対して示す取引の対象となるものの内容又は取引条件が実際のものと著しく異なるもの ／ （法第2条第8項第2号） 左に掲げる取引のほか、消費者の財産上の利益を侵害することとなる不当な取引であって、政令で定めるもの

出典：平成29年版消費者白書

7 生命・身体に関する事故情報の集約

生命・身体に関する事故情報の集約

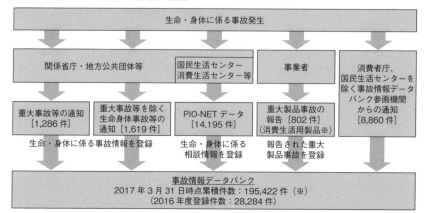

出典：平成29年版消費者白書

　消費者安全法では、重大事故等が発生した旨の情報を地方自治体、関係機関等が得た場合は、直ちに消費者庁に通知することとされている。消費者安全法の規定にもとづき2015年度に通知された「生命身体事故等」は2,897件だった。消費生活用製品安全法では、消費生活用製品の使用に伴い生じた事故のうち重大なもの（「重大製品事故」）は、事業者は消費者庁に報告することとされている。消費生活用製品安全法にもとづき2015年度に報告された「重大製品事故」は885件である。

　事故情報データバンクは、生命・身体に関する事故情報を広く収集し、事故防止に役立てるためのデータ取集・提供システムとして、消費者庁と国民生活センターが連携して、2010年（平成22年）4月から運用している。事故情報データバンクに登録されている情報は、2016年（平成28年）3月31日現在で、16万7,138件で、インターネット上で検索が可能である。

8 消費者安全調査委員会が取り組んできた案件

消費者安全調査委員会案件一覧

	案件	経過
調査を終了した事案	ガス湯沸器事故（東京都内）[1]	2014年1月評価書公表とともに経済産業省に意見
	幼稚園で発生したプール事故（神奈川県内）	2014年6月報告書公表とともに内閣府、文部科学省及び厚生労働省に意見
	機械式立体駐車場事故	2014年7月報告書公表とともに消費者庁及び国土交通省に意見 2015年1月解説書公表
	家庭用ヒートポンプ給湯機の事案	2014年12月報告書公表とともに消費者庁、公害等調整委員会、経済産業省及び環境省に意見
	エスカレーター事故（東京都内）[2]	2015年6月報告書公表とともに消費者庁及び国土交通省に意見
	毛染めによる皮膚障害	2015年10月報告書公表とともに消費者庁及び厚生労働省に意見
	子供による医薬品誤飲事故	2014年12月経過報告公表とともに消費者庁及び厚生労働省に意見 2015年12月報告書公表とともに消費者庁及び厚生労働省に意見
	ハンドル形電動車椅子を使用中の事故	2016年7月報告書公表とともに消費者庁、厚生労働省、経済産業省及び国土交通省に意見
	2006年6月3日に東京都内で発生したエレベーター事故[3]	2016年8月報告書公表とともに国土交通省に意見
調査中の事案	体育館の床板の剝離による負傷事故	2015年9月テーマ選定[4] 2016年9月経過報告公表
	家庭用コージェネレーションシステムの事案	2015年11月テーマ選定 2016年11月経過報告公表
	住宅用太陽光発電システムから発生した火災等事故	2016年10月テーマ選定
	玩具による子供の気道閉塞事故	2016年11月テーマ選定

1) 2005年11月、東京都港区の共同住宅で、当時大学生の男性が、ガス瞬間湯沸器から発生した一酸化炭素による中毒で死亡した事故。
2) 2009年4月、東京都港区の商業施設で、下りエスカレーターの手すりから男性会社員が階下に転落して死亡した事故。
3) 2006年6月、東京都港区の共同住宅で、当時高校生の男子生徒が、エレベーターから降りようとしたところ、扉が開いたままの状態でエレベーターが上昇し、乗降口の上枠とかごの床部分の間に挟まれて死亡した事故。
4) 事案を絞らず当該事案をテーマとして広く調査する手法。

出典：平成29年版消費者白書

9 消費者裁判手続法の制度

二段階型の訴訟制度

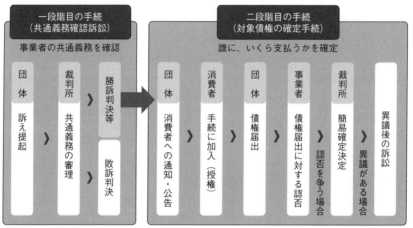

団体…特定適格消費者団体

出典：平成29年版消費者白書

10 消費者教育の推進に関する法律の概要

消費者教育の推進に関する法律の概要

目的（第1条）・消費者教育の総合的・一体的な推進・国民の消費生活の安定・向上に寄与	国と地方の責務と実施事項	
	国	地方公共団体
定義（第2条） 『消費者教育』 消費者の自立を支援するために行われる消費生活に関する教育及びこれに準ずる啓発活動 （消費者が主体的に消費者市民社会の形成に参画することの重要性について理解及び関心を深めるための教育を含む。） 『消費者市民社会』 ・個々の消費者の特性及び消費生活の多様性の相互尊重 ・自らの消費生活に関する行動が将来にわたって内外の社会の経済情勢及び地球環境に影響を及ぼし得ることの自覚 ・公正かつ持続可能な社会の形成に積極的に参画	責務（第4条） 消費者教育の推進に関する総合的な施策策定、実施	責務（第5条） 団体の区域の社会的経済的状況に応じた施策策定、実施（消費生活センター、教育委員会その他の関係機関と連携）
	財政上の措置（第8条）	推進に必要な財政上の措置その他の措置（地方は努力義務）
	基本方針（第9条） ・消費者庁・文部科学省が案を作成・閣議決定 ・基本的な方向 ・推進の内容等	都道府県消費者教育推進計画 市町村消費者教育推進計画 ・基本方針を踏まえ策定（努力義務）
	消費者教育推進会議（第19条） 消費者庁に設置（いわゆる8条機関） ①構成員相互の情報交換・調整～総合的、体系的かつ効果的な推進 ②基本方針の作成・変更に意見 委員（内閣総理大臣任命） ～消費者、事業者、教育関係者、消費者団体・学識経験者等 ※委員は20名以内、任期2年、幹事、専門委員を置く（政令で規定）	消費者教育推進地域協議会（第20条） 都道府県・市町村が組織（努力義務） ①構成員相互の情報交換・調整～総合的、体系的かつ効果的な推進 ②推進計画の作成・変更に意見 構成 ～消費者、消費者団体、事業者、教育関係者、消費生活センター等
基本理念（第3条） ・消費生活に関する知識を習得し、適切な行動に結びつける実践的能力の育成 ・主体的に消費者市民社会の形成に参画し、発展に寄与できるよう積極的に支援		
体系的推進／効果的推進 ・幼児期から高齢期までの段階特性に配慮 ・場（学校、地域、家庭、職域）の特性に対応 ・多様な主体間の連携 ・消費者市民社会の形成に関し、多角的な情報を提供 ・非常時（災害）の合理的行動のための知識・理解 ・環境教育、食育、国際理解教育等との有機的な連携	義務付け（国・地方） ○学校における消費者教育の推進（第11条） 発達段階に応じた教育機会の確保、研修の充実、人材の活用 ○大学等における消費者教育の推進（第12条） 学生等の被害防止のための啓発等 ○地域における消費者教育の推進（第13条） 高齢者・障害者への支援のための研修・情報提供 ○人材の育成等（第16条）	努力義務（国および地方） ○教材の活用等（第15条） ○調査研究（第17条） ○情報の収集（第18条）
消費者団体（努力義務）（第6条） ～自主的活動協力 事業者・事業者団体（努力義務） ～施策への協力・自主的活動（第7条） ～消費生活の知識の提供、従業員の研修、資金の提供（第14条）		

施行日：平成24年12月13日（公布日：平成24年8月22日）

出典：消費者庁HP

11　改正消費者安全法（2014年6月改正）

改正消費者安全法

1. 地域の見守りネットワークの構築
   - 地方公共団体による「消費者安全確保地域協議会」の設置
   - 地域で活動する「消費生活協力員」「消費生活協力団体」を育成・確保
2. 消費生活相談等により得られた情報の活用に向けた基盤整備
   - 協議会の構成機関・構成員が消費生活相談等により得られた情報を「地域協議会」の活動等のために共有するとともに、秘密保持義務規定や情報管理等のルールを整備
3. 消費生活相談体制の強化
   - 都道府県の事務として、市町村に対する助言・協力、広域連携の調整
   - 民間委託受託者に対し、秘密保持義務、最低限求められる要件を課す
4. 消費者行政職員及び消費生活相談員の確保と資質向上
   - 消費者行政職員及び消費生活相談員に対する研修の実施等
   - 「消費生活相談員」の職を法律に位置付け
   - 資格試験を法定化し、消費生活相談員を、資格試験の合格者及びこれと同等以上の知識・技術を有する者から任用（所要の経過処置）
   - 要件を満たし、内閣総理大臣の登録を受けた法人が試験を実施
   - 都道府県は、消費生活相談員の中から「指定消費生活相談員」を指定

出典：平成28年版消費者白書

12　課徴金制度の導入（景品表示法の改正）

課徴金制度の導入（景品表示法の改正）（2016年4月施行）

目的　不当な表示による顧客の誘引を防止するため、不当な表示を行った事業者に対する課徴金制度を導入するとともに、被害回復を促進する観点から返金による課徴金額の減額等の措置を講ずる。

課徴金納付命令（第8条）
- 対象行為：実際より著しく優良であると示す表示をする行為、実際より著しく有利であると誤認される表示をする行為が対象
- 賦課金額の算定：対象商品・役務の売上額の3%
- 対象期間：3年間を上限
- 主観的要素：違反事業者が相当の注意を怠った者でないと認められるときは、課徴金を賦課しない。
- 規模基準：課徴金額が150万円未満となる場合は、課徴金を賦課しない。

課徴金額の減額（第9条）
違反行為を自主申告した事業者に対し、課徴金額の2分の1を減額。

被害回復（第10条・第11条）
事業者が所定の手続に沿って自主返金を行った場合（返金措置を実施した場合）は、課徴金を命じない又は減額する。

1：実施予定返金措置計画の作成・認定
　自主返金により課徴金の減額を受けようとする事業者は、実施予定返金措置計画を作成し、消費者庁長官の認定を受ける。

↓

2：返金措置（返金）の実施
　事業者は、実施予定返金措置計画に沿って適正に返金を実施する。

↓

3：報告期限までに報告

返金合計額が課徴金額未満の場合	返金合計額が課徴金額以上の場合
課徴金額の減額	課徴金の納付を命じない

出典：平成29年版消費者白書

第3章　消費者庁および消費者委員会が取り組んできたこと

13　消費者契約法の一部を改正する法律

消費者契約法の一部を改正する法律（平成28年法律第61号）

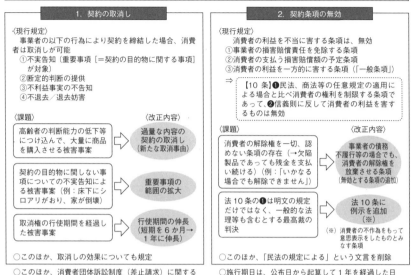

出典：平成29年版消費者白書

14　食品表示制度

食品表示制度

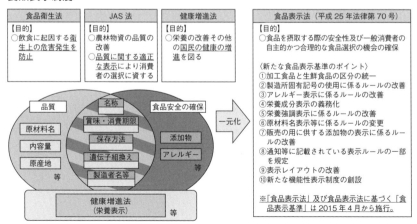

出典：平成29年版消費者白書

15 機能性表示食品とは

機能性表示食品とは

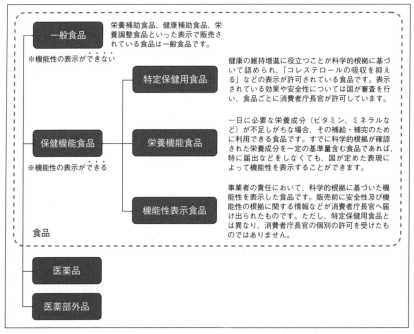

出典：平成29年版消費者白書

16　消費者委員会の建議・提言・意見の概要と主な成果、諮問に対する答申（2017年6月30日現在）

建議（20件）　提言（13件）　意見等（62件）

諮問に対する答申（4件）（消費者庁及び消費者委員会設置法第6条第2項第2号に基づくもの）

＜建議＞

	建議	建議の概要	主な成果
1	自動車リコール制度に関する建議（2010.8）提出先（担当大臣宛）；国土交通省等	○リコールの端緒となるユーザーからの事故・不具合情報の収集及び公表制度の抜本的改善 ○事故・不具合情報やリコールに対する分析・検証の改善	○自動車不具合情報ガイドラインの周知 ○「不具合情報調査推進室」を新設 ○再リコール案件について必ず技術検証をかけることをルール化
2	有料老人ホームの前払金に係る契約の問題に関する建議（2010.12）提出先；厚生労働省	○短期解約特例制度の法制化・明確化 ○前払金の保全措置の徹底	○老人福祉法等に短期解約特例制度を導入
3	地方消費者行政の活性化に向けた対応策についての建議（2011.4）提出先；消費者庁総務省	○地方消費者行政活性化基金や交付金等、国による地方支援策の検証・評価 ○PIO-NETの入力費用に対する国の一定の負担の検討	○集中育成・強化期間後の地方消費者行政の充実・強化に向けた取組みの工程表を提示 ○基金の増額を平成24年度当初予算として計上
4	マンションの悪質な勧誘の問題に関する建議（2011.5）提出先；国土交通省等	○都道府県の宅建業法所管部局が悪質な勧誘を行う事業者の情報を的確に把握できるよう体制の整備 ○実効性確保を図る観点から宅建業法施行規則の規定の明確化・法制化	○悪質な勧誘事案について厳正な対処を要請する文書を発出（PIO-NET情報の活用） ○宅建業法施行規則の勧誘に係る禁止行為規定を改正
5	消費者安全行政の	○重大事故等の情報の取集	○消費者庁に「入手情報点

	抜本的強化に向けた対応策についての建議（2011.7）提出先；消費者庁　総務省　文部科学省　厚生労働省	強化・収集範囲拡大 ○緊急を要する事故情報の公表 ○誤使用・非重大事故情報に係る収集・分析・活用	検チーム」を設置 ○消防庁から消費者庁へ通知する重大事故について、通知する範囲を製品起因が疑われるものまで拡大
6	住宅リフォームに関する消費者問題への取組みについての建議（2011.8）提出先；国土交通省	○消費者からの相談に一元的なネットワークにより対応できる仕組みの構築 ○地方自治体との連携による取組みの充実 ○リフォーム瑕疵保険制度の周知	○地方自治体の住宅リフォーム窓口担当者、消費生活相談員等に対する講習会の開催 ○ガイドブックの作成、イベントの開催など
7	エステ・美容医療サービスに関する消費者問題についての建議（2011.12）提出先；厚生労働省　消費者庁	○健康被害等に関する情報の提供と的確な対応 ○消費者の安全確保のための措置 ○不適切な表示（広告）の取締りの徹底 ○消費者への説明責任の徹底	○都道府県に対し、医師法違反に対する行政指導、警察への情報提供を行うことを求める通知 ○医療機関ホームページのガイドラインを作成 ○医療広告ガイドラインの改正
8	公共料金問題についての建議（2012.2）提出先；消費者庁　経済産業省　国土交通省	○公共料金の決定過程の透明性の確保及び消費者の参画を確保する観点（4項目） ○鉄道運賃 ○電気料金	○消費者基本計画の一環として所管官庁における公共料金に係る情報提供の実施状況のフォローアップ ○東京電力による電気料金の値上げ認可申請の対応で改善（以降、他の電力会社も同様） ○国土交通省では、加算運賃の情報提供の充実、運輸審議会に消費者団体から委員を選任
9	地方消費者行政の持続的な展開とさ	○国によるこれまでの支援策の詳細な評価・検証	○基金を2013年度末まで延長可能とし、60.2億円

第3章　消費者庁および消費者委員会が取り組んできたこと

	らなる充実・強化に向けた支援策についての建議（2012.7）提出先；消費者庁　総務省	○基金で増設した相談体制維持のための財政支援の継続 ○国の政策的要請にもとづく自治体の業務負担の実態を把握したうえで国からの財政負担の在り方について検討を行い、必要な措置を講じること ○消費生活相談員の雇止めの抑止	を上積み ○国の財政措置の活用期間に関する一般準則を策定 ○消費生活相談員の再度任用に一律に制限を設けることなく、その専門性に配慮するよう、長官名で自治体の首長に通知 ○消費者安全法改正（消費生活相談員の職を法律に位置付けるとともに資格試験制度を法定化）
10	「健康食品」の表示等の在り方に関する建議（2013.1）提出先；消費者庁　厚生労働省	○健康食品の表示・広告の適正化に向けた取組みの強化 ○健康食品の安全性に関する取組みの推進 ○健康食品の機能性の表示に関する検討（栄養機能食品として新たに認めるべき栄養成分を検討。特保に係る審査基準の策定を検討及び一定の審査内容の開示を検討）	○景品表示法及び健康増進法に係る統一的な留意事項を2013年度中に取りまとめ公表予定 ○消費者庁に食品表示対策室を設置。執行を一元的に行う体制整備 ○3か年計画で「いわゆる健康食品による健康被害情報の因果関係分析法と報告手法に関する調査研究」を実施。研究成果を踏まえ、収集・解析の仕組みを検討予定（厚生労働省）
11	消費者事故未然防止のための情報周知徹底に向けた対応策についての建議（2013.2）提出先；消費者庁　経済産業省	○事故情報が通知、収集される行政機関のルートを情報発信ルートとしても活用できるよう検討 ○関係各省庁が独自に持っている情報提供ツールや媒体の活用 ○販売事業者等の実態を把握し、リコール対象製品を購入した消費者への具	○地方自治体の消費者行政部署に対し、関係団体への情報展開を要請 ○各省庁が独自に持っている情報発信ルートを通じた情報提供の連携を強化 ○流通事業者6団体とのリコール協力体制を構築。「製品安全に関する流通事業者向けガイド」等を

		体的かつ効果的な実施方法の検討	作成、公表（経済産業省）
12	地方消費者行政の体制整備の推進に関する建議（2013.8） 提出先；消費者庁	○小規模市町村の消費者行政体制の底上げ ○国による地方消費者行政の継続的財政支援に最大限の努力 ○一般準則の効果の検証	○地方消費者行政強化作戦を定める ○消費者安全法の改正（市町村間の調整を都道府県の役割として規定、消費者安全確保協議会の設置）
13	詐欺的投資勧誘に関する消費者問題についての建議（2013.8） 提出先；消費者庁　国家公安委員会　金融庁　総務省　法務省　厚生労働省　経済産業省　国土交通省	○関係法令の執行強化及び制度整備 ○犯行ツールに関する取組みの強化 ○消費者への注意喚起及び高齢者の見守り強化	○建議を受けて、各省庁が取組みの見直しと強化、連携を強化
14	クレジットカード取引に関する消費者問題についての建議（2014.8） 提出先；消費者庁　経済産業省	○加盟店契約会社（アクワイアラー）及び決済代行業者に対し、割賦販売法における義務付けを含む、加盟店管理の実効性向上のための措置を講ずること。行政への登録制の義務付け ○翌月一括払いにおける抗弁の接続等の制度整備 ○消費者教育及び情報提供等の充実	○割賦販売法改正（アクワイアラー及び同等の機能を有する決済代行業者の登録制導入。登録アクワイアラー等に対し加盟店調査及び調査結果に基づいた必要な措置を行うことの義務付け等）
15	教育・保育施設における事故情報の収集及び活用に関する建議（2014.11） 提出先；内閣府	○子ども・子育て支援制度の施行に向けて事故情報収集の仕組みを検討するに当たっては、消費者安全法に基づく通知制度を	○重大事故が発生した場合における報告ルートについて明確化し、市町村、都道府県が第一報を受けた段階で、消費者安全

		含めて検討すること	に基づき確実に消費者庁
	消費者庁　文部科学省　厚生労働省	○ベビーシッター事業や小規模な認可外保育施設についても事故情報を適切に収集する仕組みを構築すること	に報告するよう地方公共団体に通知 ○教育・保育施設における事故の防止のためにガイドラインの作成、有識者会議の設置
16	美容医療サービスに係るホームページ及び事前説明・同意に関する建議（2015.7） 提出先；厚生労働省	○医療機関のホームページの情報提供の適正化（ホームページも「広告」に含めること） ○事前説明・同意の適正化	○医療法改正（医療機関のホームページについても原則医療広告規制の対象とし、虚偽・誇大等不適切な内容の物を禁止し是正命令・罰則等の対象とする） ○「美容医療サービス等の自由診療におけるインフォームド・コンセントの取り扱い等について」などの周知
17	電子マネーに関する消費者問題についての建議（2015.8） 提出先；金融庁	○電子マネー発行業者に対し、資金決済法における義務付けを含む加盟店の管理及び苦情処理体制の整備 ○電子マネーIDを詐取されることによる被害の防止対策	○資金決済法改正（電子マネー発行者に対し、利用者からの苦情の適切・迅速な処理のために必要な措置を講じなければならないことを規定） ○事務ガイドラインの改正（加盟店管理の範囲の明確化） ○「基礎から学べる金融ガイド」に電子マネーに関する消費者被害の項目を追加。全国の高校・大学・地方公共団体等に発送 ○日本PTA全国協議会会長会でプリペイドカードに関する消費者被害について注意を呼びかける文

			書等を配布
18	商業施設内の遊戯施設における消費者安全に関する建議（2015.8）提出先；消費者庁　経済産業省	○商業施設内の遊戯施設における事故情報を適切に収集する仕組みを構築し、収集した情報を消費者庁へ通知すること ○関係事業者が遵守すべき安全面に関する基準の策定に向けた措置を講じること	○有識者からなる検討会を立ち上げ、関係事業者が遵守すべき安全面に関する基準を策定すべく調整中。これにより、事故情報は消費者庁に通知されることになると認識（経済産業省）
19	健康食品の表示・広告の適正化に向けた対応策と、特定保健用食品の制度・運用見直しについての建議（2016.4）提出先；消費者庁　食品安全委員会	○「特定保健用食品の審査等取扱い及び指導要領」に関する改定 ○特保における表示・広告に関する制限に関する周知 ○健康増進法における誇大表示の範囲の一層の明確化、改正に関する検討 ○消費者等への周知の強化 ○収去調査の実施 ○特保の製品情報公開の義務化及び内容の充実 ○再審査制の有効性の検証と見直し 等	○特保の表示許可に関する内閣府令の改正 ○「特定保健用食品の審査等取扱い及び指導要領」の改正 ○買い上げ調査の実施 ○特保の製品情報の開示の検討開始
20	身元保証等高齢者サポート事業に関する消費者問題についての建議（2017.1）提出先；厚生労働省　国土交通省　消費者庁	○身元保証等高齢者サポート事業における消費者保護の取組み ○病院・福祉施設等への入院・入所における身元保証人等の適切な取扱い	

第3章 消費者庁および消費者委員会が取り組んできたこと

<提言>

	提言
1	未公開株投資詐欺被害対策について提言（2010.4）
2	こんにゃく入りゼリーによる窒息事故への対応及び食品の形状・物性面での安全性についての法整備に関する提言（2010.7）
3	決済代行業者を経由したクレジットカード決済によるインターネット取引の被害対策に関する提言（2010.10）
4	特定保健用食品の表示許可制度についての提言（2011.8）
5	消費者契約法の改正に向けた検討についての提言（2011.8）
6	貴金属等の訪問買取り被害防止と特定商取引法の改正についての提言（2011.11）
7	住宅用太陽光発電システムの販売等に係る消費者問題についての提言（2012.3）
8	違法ドラッグ対策に関する提言（2012.4）
9	医療機関債に関する消費者問題についての提言（2012.9）
10	電気通信業者の販売勧誘方法の改善に関する提言（2012.12）
11	公共料金問題に関する提言（2013.7）
12	適格機関投資家等特例業務についての提言（2014.4）
13	若年層を中心とした消費者教育の効果的な推進に関する提言（2016.6）

<意見等のうち主なもの>

	意見
1	地方消費者行政の充実強化に向けて（2009.12）
6	公益通報者保護制度の見直しについての意見（2011.3）
8	消費者行政体制の一層の強化について―「国民生活センターの在り方の見直しに係るタスクフォース」中間整理についての意見―（2011.6）
10	「国民生活センターの在り方の見直し」に関する検討についての意見（2011.7）
11	原料原産地表示拡大の進め方についての意見（2011.8）
13	集団的消費者被害救済制度の今後の検討に向けての意見（2011.8）
14	個人情報保護制度について（2011.8）

15	「国民生活センターの在り方の見直しに関する検証会議」中間取りまとめ（座長試案）についての意見（2011.12）
18	委員長声明—家庭用電気料金値上げに係る認可申請について—（2012.5）
23	東京電力の家庭用電気料金の値上げ認可申請に対する意見（2012.7） ……その後、26．30．31．42．47．49において各社の家庭用電気料金改定に意見
24	消費者教育の推進に関する基本方針の策定に向けた意見（2012.12）
29	公益通報者保護制度に関する意見〜消費者庁の実態調査を踏まえた今後の取組について（2013.7）
32	インターネットを通じた消費者の財産被害に問題に関する消費者委員会としての現時点の考え方（2013.8）
33	商品先物取引における不招請勧誘禁止規制に関する意見（2013.11）
34	消費税率の引上げに伴う定型郵便等の上限料金の改定案に関する消費者委員会の意見について（2013.11） ……その後、36．37．38．39において消費税率改定に伴う運賃等の改定について意見
40	クラウドファンディングに係る制度整備に関する意見（2014.2）
43	商品先物取引法における不招請勧誘禁止規制の緩和策に対する意見（2014.4）
45	「パーソナルデータの利活用に関する制度改正大綱」に対する意見（2014.7）
46	いわゆる名簿屋等に関する今後検討すべき課題についての意見（2014.9）
53	「電力小売自由化について注視すべき論点」に関する消費者委員会意見（2016.5）
56	スマホゲームに関する消費者問題についての意見〜注視すべき観点〜（2016.9）
57	一般乗用旅客自動車運送事業（東京都特別区・武三地区）の運賃組替え案に対する消費者委員会意見（2016.12）
58	「健康食品の表示・広告の適正化に向けた対応策と特定保健用食品制度・運用見直しについての建議」の実施報告に対する意見（2017.1）
62	電力・ガス小売自由化に関する課題についての消費者委員会意見（2017.5）

※ 消費者基本計画の策定、実施状況に関する検証・評価および計画の見直しについては、随時、意見を提出

＜諮問に対する答申＞（設置法6条2項2号に基づく諮問に対するもの）
1. 不当景品類及び不当表示防止法上の不当表示規制の実効性を確保するた

めの課徴金制度の導入等違反行為に対する措置の在り方について（2014.6）
2. 特定商取引法の規律の在り方について答申（2016.1）
3. 消費者契約法の規律の在り方について答申（2016.1）
4. 電力託送料金の算定方法等に関する答申（2016.7）

（出典：消費者委員会のホームページを参照して、筆者が作成）

17　消費者委員会の下部組織

消費者委員会下部組織の設置状況

1. 現在活動している下部組織（2017年6月までの1年間で会議開催実績のあるもの）

組織名
食品表示部会
新開発食品調査部会
新開発食品評価第一調査会
新開発食品評価第二調査会
公共料金等専門調査会
公共料金等専門調査会　電力託送料金に関する調査会
消費者契約法専門調査会
消費者安全専門調査会
成年年齢引下げ対応検討ワーキング・グループ

※消費者安全専門調査会は第1〜2次で活動し、4次で再開

2. 現在活動していない下部組織一覧

組織名	活動時期
公益通報者保護専門調査会	第1次
特定保健用食品の表示許可制度専門調査会	第1次
食品表示部会　原料原産地表示拡大の進め方に関する調査会	第1次
個人情報保護専門調査会	第1次
地方消費者行政専門調査会	第1〜2次

公共料金等専門調査会　家庭用電気料金の値上げ認可申請に関する調査会	第2～3次
食品表示部会　栄養表示に関する調査会	第3次
食品表示部会　生鮮食品・業務用食品の表示に関する調査会	第3次
食品表示部会　加工食品の表示に関する調査会	第3次
特定商取引法専門調査会	第3～4次
特定保健用食品等の在り方に関する専門調査会	第3～4次

3. 廃止した下部組織一覧

組織名	活動時期
集団的消費者被害救済制度専門調査会	第1次 （平成25年4月23日付廃止）
消費者安全専門調査会　製品事故情報の公表等に関する調査会	第1～2次 （平成24年4月2日付廃止）
景品表示法における不当表示に係る課徴金制度等に関する専門調査会	第3次 （平成26年12月2日付廃止）
食品ワーキング・グループ	第3次 （平成28年9月6日付廃止）
消費者行政における新たな官民連携の在り方ワーキング・グループ	第3次 （平成28年9月6日付廃止）

※　運営・設置規程のないもの

組織名	活動時期
消費者契約法に関する調査作業チーム	第2次
電気料金問題検討ワーキングチーム	第2次

（参考）国民生活センターの動き（発表情報の主なものを中心に紹介）

　国民生活センターでは、年間 100 件近い情報提供を行っている。消費者庁設置以降の主な動きと情報提供は、以下のとおりである。

2009 年：
　　9 月　　未公開株のトラブルが再び増加
　　11 月　　アフィリエイトやドロップシッピングに関する相談が増加
　　12 月　　「無料」のはずが高額請求、子どもに多いオンラインゲームのトラブル

2010 年：
　　1 月　　土日祝日相談開始
　　2 月　　まつ毛エクステンションの危害
　　3 月　　「絶対儲かる」「返金保証で安心」とうたう情報商材に注意
　　3 月　　乗用車用フロアマットのアクセルペダル等への影響に関する調査結果
　　9 月　　高齢者に目立つ薬の包装シートの誤飲事故
　　11 月　　外国通貨の取引に注意
　　12 月　　貴金属の訪問買い取りサービスに関するトラブル

2011 年：
　　3 月　　東日本大震災で寄せられた消費生活相談（第 1 報）
　　8 月　　安愚楽牧場に関するトラブル速報

2012 年：
　　1 月　　「美容医療・契約トラブル 110 番」
　　3 月　　相模原研修施設閉鎖（2015 年 5 月　再開）
　　4 月　　詐欺的なサクラサイト商法に注意
　　9 月　　アダルト情報サイトの相談が 2011 年度の相談 1 位に
　　11 月　　健康食品の送りつけ商法が急増

2013 年：
　　6 月　　「ネット回線勧誘トラブル 110 番」

	8月	原野商法の二次被害トラブル
	12月	増え続ける子どものオンラインゲームトラブル

2014年：
	3月	よくわからないまま契約していませんか、インターネット、携帯電話の電気通信サービスに関する勧誘トラブル
	9月	家族や周囲の"見守り"と気づきが大切—認知症・高齢者の消費者トラブルが過去最高
	11月	「キャッシュレスでの買い物トラブル110番」
	12月	ボタン電池を使用した商品に注意—乳幼児の誤飲により化学ヤケドの恐れも—

2015年：
	3月	通信販売における宅配便トラブルを減らすために—運送業者、通販事業者、消費者それぞれが取り組めること—
	4月	国民生活センターの「使命」及び「行動指針」を発表 越境消費者センター開設
	6月	後を絶たない！ まつ毛エクステンションの危害
	7月	20代に増えている！アフィリエイトやドロップシッピング内職の相談
	9月	「ねらわれてます！ 高齢者・悪質商法110番」
	9月	幼児が水で膨らむボール状の樹脂製品を誤飲

2016年：
	2月	投資や利殖をうたう仮想通貨の勧誘トラブルが増加
	4月	「熊本地震消費者トラブル110番」（7月まで）
	5月	熊本地震に便乗した不審な電話や訪問にご注意ください
	6月	「お試し」のつもりが定期購入に
	7月	消費者庁及び国民生活センターの徳島移転試行 発熱反応を伴い水素を発生するというパック型入浴剤に注意
	9月	インターネットで予約した旅行に関するトラブルに注意 「アクティブシニアのトラブル増加！高齢者トラブル110番」
	11月	タレント・モデル契約のトラブルに注意

12月　容器入り及び生成器で作る、飲む「水素水」には、公的定義はなく、溶存水素濃度は様々です

2017年：
　4月　こんなはずじゃなかったのに！"格安スマホ"のトラブル
　5月　なくならない脱毛手術による危害

※　越境消費者センター(CCJ)業務が消費者庁から移管された2015年4月、韓国、タイ、フィリピン、英国、マレーシア、台湾の組織と国際取引の消費者問題に関する相互協力の覚書を交わす。

(原　早苗)

第4章　消費者庁・消費者委員会設立の場に立ち会って
——消費者行政推進会議委員の立場から

1　消費者行政の確立

　平成21年の通常国会で消費者庁関連3法案が修正の上成立した後、麻生総理が法案の審議に加わった与野党の国会議員や関係者、それにわれわれ消費者行政推進会議のメンバーを招き、慰労のパーティが開催された。私も同会議の座長ということで挨拶を求められ、つぎのような所感を述べさせていただいた。

　「われわれが議論のなかで考えたことは、消費者・事業者がともに繁栄できる・安心できる質の良い市場を、そしてアジアはもちろん世界と比べて圧倒的に優れた市場を日本に作ることが最終目的でした。そのために行政もこうした究極の目的を念頭に置いて適切な舵取りをしていただきたいということが議論の中心でした。」

　些か大仰な物言いであるが、議論を突き詰めていけばこういう目標に至らざるを得ないという確信こそ、消費者庁設立に向けた議論をまとめあげる上での最後の切り札であったように思われる。実際、その後図らずも日本への観光客が急増し、外国人による日本での買い物が一つのブームになり、まさに日本の市場の質が評価されるのを目の当たりにすることになった。われわれはこれによって市場という一つの制度が持つソフトパワーの大きさを当時よりもはっきりと意識するようになったのである。先の挨拶ではこのようなことを予想していたわけではなかったが、消費者問題に熱心な関係者の努力が大きな財産につながったことを改めて思い起こすべき時である。

私自身は消費者問題とは無縁な一社会科学者でしかなかった。今にして思い出せば、平成 19 年の秋のある日、福田総理から突然電話がかかり、当日に官邸に赴いたところ、消費者行政の抜本的改革を突破口とした行政の見直し構想を披歴され、然るべき形で働くよう求められた。事の重大さに驚きつつも、総理が所信表明演説において同趣旨の方針を明らかにされていたことを思い出しつつ、素人としての不安を抱きながらご指示を待つことになった。今から察するに、私は平成 17 年から内閣府の国民生活審議会の会長を務めており、総理の方針の受け手の立場にいたからと思われる。実際、国民生活審議会はそのなかの一つとして消費者政策部会を持っており、受け手としての実質をある程度備えていた。そのこともあって、消費者庁への道は私の頭のなかでは国民生活審議会から事実上の助走が始まったように思われる。
　私が最初に参加した第 20 次国民生活審議会においては、総合企画部会に「国民生活における安全・安心の確保策に関する委員会」（小早川光郎委員長）が新たに設けられた。この委員会の設置は、安倍総理の平成 18 年の同審議会での挨拶に沿うものであった。背景にあったのは「官から民へ」という規制改革の流れのなかで国民生活の安全・安心が問題になってきたという状況であった。第 20 次において消費者政策部会は消費者基本計画の検証・評価・監視を担当し、いわゆる消費者問題に関わる諸問題とそれへの対応は「国民生活における安全・安心の確保策に関する委員会」で部分的に取り上げられた。この報告書は事件・事故への対応が中心であった（報告書は平成 19 年 6 月 4 日、安倍首相に手交）。
　第 21 次国民生活審議会は福田総理の指示に従い、総合企画部会に「生活安心プロジェクト（行政のあり方総点検）」というワーキンググループが設置された。その使命は「食べる」「働く」「作る」「守る」「暮らす」の各分野について、消費者・生活者の視点から行政の態勢が十分であるかという観点から、法律、制度、事業など幅広く行政のあり方の総点検を、消費者政策部会の協力を得つつ、半年でまとめ上げることにあった。この「生活安心プロジェクト」は各省庁に対して、人員配置の状況、職員の意識改善の取組み、政策形成手続きへの消費者・生活者の関与、消費者・生活者等の行動を踏まえた制度設計、省庁内の責任体制、執行体制等の実効性等、70 項目余りの共通の質問項目を用意し、ヒアリングなどを行った、画期的なものであった。国民生活審議会は第 21 次を以って幕を閉じたが、この「生活安心プロ

ジェクト」はその最後を飾るにふさわしい力作であった。この「生活安心プロジェクト」は国民生活審議会意見として、平成20年4月3日に福田総理に手交された。同年2月12日に消費者行政推進会議の第1回会合が開催されていることからも、この二つが二人三脚で進められていたことがわかる。

「生活安心プロジェクト」は「消費者・生活者を主役とした行政への転換に向けて」という題の審議会意見となった。報告書はインターネットの普及を伴う、急激なヒト・モノ・カネ・情報のグローバル化の進展の中で、消費者・生活者がさまざまなリスクに無防備にさらされるリスクの高まりを指摘し、消費者・生活者、さらには「民」だけでは制御できないリスクの予防・軽減・除去にとっての行政の役割の重要性を指摘する。併せて、現状の日本の行政は「国民の不安・危険を迅速に察知できず、効果的に解決することもできなかった」と断罪している。こうした行政の実態を浮き彫りにしたのが、平成19年12月から平成20年1月にかけて起こった「中国産冷凍ギョウザ事件」であった。生命に関わる事件でもあったにもかかわらず、事件発生から厚生労働省が事案を認知するまで1か月余りを要し、国民生活局の調査団が中国に向かったのは2月に入ってからであった。また、日本の行政は殖産興業政策以来の伝統を引き継ぎ、長く生産者・供給者の保護育成を第一の任務とし、消費者・生活者は製品やサービスの提供者に対する所管官庁の規制を通じてタテ割り的、間接的に保護される存在でしかなかったことも繰り返し指摘されている。そのことは各省庁において消費者・生活者関連業務に従事する公務員がいかに少ないかというデータによっても裏づけされていた。それと同時に、政府の規模の縮小に一方的に傾斜しがちな行政改革論議に対して、「消費者・生活者の視点からみた実効性」の観点を入れた行政機構の議論が必要であるという観点が盛り込まれた。この行政の実効性を基礎にして消費者と事業者の双方が満足を得る状態が目標として視野に入ってくるのであって、消費者行政を担う新組織は「消費者・生活者を主役」とする行政の中心的存在として、こうした行政の視点の転換を「政府全体に喚起する役割」が期待されることになった。

この報告書に明らかなように、規制緩和と情報化、グローバル化の進展のなかで消費者・生活者が未曽有のリスクにさらされる恐れが台頭する一方で、行政は専ら批判と改革の対象となって意気阻喪し（当時、私は公務員制度改革関係の座長も務めていた）、伝統的な業界中心の行政には黄昏が迫って

いた。こうした歴史的な文脈において考えると「生活安心プロジェクト」の要求する行政のパラダイム転換は行政に対する多くの批判を含みつつもある種の歴史的必然性とでもいうべきものを感じざるを得ない。今にして考えてみれば、そうした一連のシナリオを描いた影の知恵者がどこかに居た可能性もまた排除できないように思われる。それと共に、消費者庁の担った役割がこの行政のパラダイム転換の一部分に過ぎないこと、消費者庁の発足によって行政のパラダイム転換が終わったわけではないことも明らかである。

平成20年2月に発足した消費者行政推進会議は同年6月13日に「取りまとめ」を福田総理に手交した。これまでのこうした検討の経緯と認識の共有があったこと、そして何よりも福田総理が毎回出席され、リーダーシップをとっていただいたこともあって、基本的理念についての合意は比較的スムーズに進展した記憶がある。基本にあったのは「安心・安全な市場」「良質な市場」の実現が「新たな公共的な目標」になったこと、これこそが競争の質を高め、消費者、事業者双方にとって「長期的な利益をもたらす唯一の道」であるという理念であった。

消費者行政を一元化する新組織の創設は、政府がこの「新たな公共的な目標」の実現に向けて取り組むことを意味し、併せて行政のパラダイムの拠点を作ることを意味した。消費者庁の組織論では、タテ割りに対して「一元化」が強調され、地方自治体との協力の重要性が言及された。私が特に意を用いたのが、消費者庁の創設が消費者の新たな行政依存体質の培養につながらないように、誤解のないメッセージを残すことであった。消費者がよりよい市場の形成に積極的に関与すること、消費者の意識改革をさらに促すことといった「はじめに」の文言はその反映であった。消費者庁の具体的なあり方をめぐる議論に先立ってこれらの議論を組織論に媒介するものとして「新組織が満たすべき6原則」を設定したのは賢明な選択であった。この6原則は消費者庁が存続する限り、常に銘記されるべきものである。「取りまとめ」には「一元化」と並んで「司令塔」という言葉が頻繁に登場する。この二つの言葉はタテ割りの克服が新組織の創設に際して、終始一貫主要課題であったことを如実に物語っている。そして、個別作用法については「消費者に身近な問題を取り扱う法律は消費者庁が所管する」こととし、各府省庁から消費者庁に移管・共管することにした。個別作用法の移管・共管の具体的な取り扱いは政治レベルでの折衝に委ねられ、どのような結果になるか固唾を呑

んで見守った。それと並んで悩ましかったのは地方の消費者行政の弱体化という現実であった。「取りまとめ」において地方の消費者行政や消費生活センターへの言及が多いのは、この現実が衝撃的だったからである。地方分権という大原則を踏まえた上で、情報の収集であれ、相談窓口の設置であれ、その機能強化のために政府として何ができるのか、いろいろと各種議論した記憶がある。なお、「取りまとめ」では消費者庁に消費者政策委員会を設置するとされていたが、国会審議の過程で修正され、名称を消費者委員会と改め、内閣府本府に置かれることになった。

消費者庁の設置は、国民生活審議会を中心に培われてきた知的な蓄積と福田総理の英断との出会いが、新たな行政への転換という形で結実したもののように見える。その意味ではそれは消費者にとっての強力な支援組織の誕生であると共に、行政にとって助け舟の意味も持っていた。しかも、「良質な市場」の実現が消費者・事業者双方の長期的な利益にかなう、新たな公共的な目標とされたのであるから、消費者行政の確立は幾重にもウイン・ウインの関係を巻き込む形で一気に進行した。私は当時会長や座長としてこの大波を泳ぎ切るのに精一杯であったが、今回改めて当時を振り返る機会を与えられて消費者行政確立の意義と事柄の重要性を改めて再認識し、一緒に作業に関与した多くの友人たち、それに事務局の方々の貢献に思いを新たにしている。

有意義な歴史的取組みに参加できたことに感謝しつつ。

（佐々木　毅）

② 消費者庁発足—消費者行政推進会議を振り返って　—合言葉は「横串を刺せ！」

ある日、官房長官時代から親しくさせていただいていた福田首相に呼ばれた。「川戸クン、消費者行政推進会議を作るから、メンバーに入ってくれないか？」「でも、私はずっと政治取材ばかりです。消費者問題は詳しくはないですよ。」「いや、この会議の目的は、『消費者』問題ではなく、『消費者行政』問題を解決して、『消費者に便利な組織を作ること』だから。それに、キミも消費者だろう？」「ハイ。おっしゃるとおりです。」

振り返ってみれば、当時は、サプライサイドからデマンドサイド・ユー

ザーサイドへの転換が必要だと言われてからすでに10数年がたっていた。省庁間縦割りの厚い障壁と、それを壊せないリーダーシップの欠如が原因で消費者行政もまさにそのまったゞ中にあった。年金問題、BSE、住宅の耐震偽装、そして中国の冷凍餃子薬物中毒事件等々、国民のほうを向いていない、縦割り行政の隙間に落ちた問題が次々に起きていた。

そこへ、福田首相の登場だった。行革の対象になっていた国民生活センターを視察され、「これは国民生活に非常に有用だ」として一転して存続を決められた姿に、私は目を見張った。生産者寄りではなく、消費者目線で、そして生産者も消費者だという確信を持って、国民本位で政治を、という意思がありありと見てとれたからである。

私も橋本行革以来、行革に関心を持っており、その頃、内閣府の行革推進委員会専門調査会の委員などもやっていたので、その流れもあり、お引き受けすることにした。

2008年2月の初会合はそうそうたるメンバーのなかで緊張しながら自分の思いを述べた。「TBSのジャーナリスト。政治の場で行政の仕組みを長く見てきた。サプライサイドからユーザーサイドへの転換を阻んできた壁を、この会議で壊せることを期待している。」

第2回は、あらためて我々の考え方を確認しようと、いくつかの班に分かれて、自分たちの意見を公開した。

私は吉岡和弘弁護士と共に、「消費者問題の実態と消費者行政の在り方」という資料を作り、会議に提出した。たたき台を事務局の皆様方が持ってきてくださったが、私たちと方向性があまりにも違うので、新しく作り直した。そのポイントは、

・あくまでも「消費者問題の実態」ではなく「消費者行政の実態と在り方」という観点から考えるべき。
・そして、福田首相のおっしゃる「消費者行政の問題」を解決して「消費者に便利な組織を作ること」が目的。

その上で、消費者行政一元化の5原則を考えてみた。

① サプライサイドからユーザーサイドへの視点の転換（消費者主役）
② 消費者「保護」のみならず消費者「利益」確立へのかじ取り役
③ 産業別の「縦割り」行政を脱し、暮らしに即して「3つの一元化」を
……＊窓口の一元化　＊情報の一元化　＊権限の一元化

④　独立性・専門性・透明性を確保

⑤　スクラップ＆ビルドの徹底

　吉岡氏からも日弁連意見書（平成20年2月15日）が出され、説明された。その他、各委員からも資料がいくつか出され、それについてもその都度検討が行われた。

　さらに、数回にわたって、各団体や省庁からのヒアリングも行われ、それについての検討が行われた。省庁間縄張りの問題、逆にその隙間の問題、地方と中央との消費者問題に対する認識の違い、地方と中央との行政対応の格差、許認可権・権益を手放すことに対する抵抗、あるいは他の省庁に押しつけたい、という意思、さまざまな問題がよく理解できた。

　新しい組織をどう作るかも大変な問題だったが、一番、大変だったのは、各省庁が持っていた権限を、新しく創設される消費者庁にどう持ってくるか、ということだったと思う。これこそが、縦割り行政問題の根幹。省庁間に横串を刺し、強い権限を一元的に持たないと、消費者のために仕事をすることはできない。消費者行政の司令塔になるために、強いリーダーシップを発揮された福田首相と岸田担当大臣それに党の方でご尽力いただいた野田聖子衆議院議員の行動力に敬意を表したい。

　2008年6月に推進会議の取りまとめが発表され、6月末には「消費者行政関連3法案」が閣議決定された。そして、翌年の1月に通常国会に提出され、国会審議がはじまった。民主党が「消費者権利院法案」等を国会に提出し、少々混乱は起きたが、結局、珍しく全会一致で、この法案の修正案が衆議院本会議で可決された。次いで、5月29日に参議院本会議でこれも全会一致で可決。この法案が成立した。省庁の壁を打ち破って、省庁間の隙間に問題が落ちないように、横串を刺して、消費者のための新しい組織（消費者庁）を作るべきだと、各党すべてが賛同している、ということを、この『全会一致』は如実にあらわしているといえるのではないか。福田首相のおっしゃるとおり「キミも、誰もが、消費者なのだから。」

　早いもので、この会議からもう10年、こうやってできあがった消費者庁だからこそ、存分にその仕事を果たしてほしい。

（川戸　惠子）

3　思い出の消費者行政推進会議

「消費者庁　毒入り餃子が尻たたき」
　これは、ユニカねっとの設立1周年を記念して開かれた川柳大会で優勝の栄誉に輝いた自作の川柳、選者の故今川乱魚さんからいただいたお褒めの言葉が今も忘れられない。
　消費者行政推進会議の初会合が開かれたのは2008年（平成20年）の2月、そのわずか1年半後の翌年9月には消費者庁が誕生したわけで、この間に福田内閣から麻生内閣への政権の交代があったことを考えると、これは異例の早さだ。毒入り餃子事件が尻を叩いたことは確かだが、このスピードも、そして何よりも消費者庁の設立そのものが、福田康夫総理の消費者行政にかける熱い思いなしにはあり得なかったと思う。
　私はそれまで、消費者団体とのお付合いはもとより、消費者問題への関心もほとんど持ったことがなかった。そんな私には、消費者庁の新設は、屋上屋を重ねるものでしかないように思えた。なぜなら製品の安全や契約者の保護を直接の目的とする法律だけでなく、各種の事業を規制する法律の多くも究極の目的は消費者の保護にほかならないから、消費者保護は、これらの法律を所管する既存の各省庁の任務そのもの、全省庁がきちんと仕事をしさえすればよいだけの話で、わざわざ別の組織を作るまでもないと考えたからだ。組織の新設に消極的にならざるを得なかったもう一つの理由は、各省庁が所管する多数の法令のなかから消費者保護に関わる部分を抜き出して新設の組織に移管するという、新しい役所を作ることとした場合に必要になるであろう折衝や立法作業に多大の労力を要することが予想されたことにある。そこで、推進会議の席上でも、最初の1、2回は、こうした素朴な疑問を述べた上で、既存の各省庁の取組み姿勢を見直すことによって対処するべきであるといった趣旨の発言をした記憶がある。これに対して消費者団体の代表など、他の多くの委員の方々から手厳しい反論があったが、私が早々に方向転換を決意したのは、決して多勢に無勢であったからではなく、福田総理の毅然として揺ぎそうにないスタンスを目の当たりにして、無駄な抵抗であることを悟ったからにほかならない。
　そうなると課題は、効果的、かつ、効率的に消費者行政を進めるには、ど

のような組織を作り、既存の各省とどのように役割の分担をするのが最適かという1点に絞られることになるが、これを考えていく上では、現在の各省庁の行政のどこがどのように問題なのかを具体的に知ることが不可欠だ。私には、この点についての知識がまったくない。そうした私を見かねたことだったと思うが、川戸さんを先頭に、原さんや佐野さんらが頻繁に法律事務所の私のオフィスに足を運んで、例えばこんにゃく入りゼリー事案のように既存の法律ではカバーされず、責任の所在がはっきりしない事件があることや、そうした場合には、国の対応が後手後手になって、被害が拡大する場合もあることなどを噛んで含めるようにレクチャーしてくださった。同時に、そうした機会に、私のほうからも、我が国の行政は分担管理が原則なので、各省の権限の重複が認められないことや、内閣府の総合調整権限を除いて、各省間でその機能に上下の関係を作れないことなど、組織法制を中心に立法実務的な話をさせていただいた。当時は、消費者庁の力量が、あたかも移管される法律の数によって決まるかのような報道もされていたが、法律の移管には種々の困難があることや、移しさえすればよいというものではないといったことも申し上げたりした。

　これも異例だったのは、推進会議は、会議の全期間を通じて事務局による根回し等がほとんど行われず、会議の席上で各委員が活発に意見を述べ合ったことだ。消費者行政のために地方に交付される国費がひも付きであるべきかどうかを巡っての吉岡―中山論争にみるような激しい意見の応酬はまさに自由闊達な意見交換を象徴するものだったが、こうした百家争鳴状態のなかで、消費者庁の設置と消費者安全法の制定を柱とする推進会議の「取りまとめ」に全委員の合意ができたのは奇跡的ですらある。その背景には、「十分に機能する役所にしなければ」という思いをすべての委員が共有していたことがあるのはもちろんだが、上述したように、委員間で会議以外の場でも不断に勉強会や意見交換が行われ、これを通じて委員間に信頼関係が築かれていったことが大きかったと思う。

　それにも増して推進会議の意見の集約に大きな力を発揮したのは、第6回の会議で福田総理がみずから提出され、読み上げられもした「消費者庁（仮称）の創設に向けて」の6つの基本方針と守るべき3原則だ。同様に異例だったのだろうが、総理は、その在任中の全8回の会議すべてに出席されただけでなく、冒頭から最後まで片時も離席さえされずに熱心に私たちの発言

に耳を傾けておられた。そうした総理のご様子自体が、私たちを鼓舞するものではあったが、それまでほとんどご自身の意見を述べられることのなかった総理直々のご発言であっただけに、委員全員がこれを重く受け止めることになった。総理のご発言は、いつまでも甲論乙駁、迷走を続けかねない推進会議に意見の集約を急がせるご趣旨でもあったのだろうが、同時に、それまでの会議の議論の大勢を取りまとめたものでもあった。

　同じ会議に、私はたまたま、それまでの議論を踏まえて自分なりに構想をした消費者庁のイメージをポンチ絵にして提出していたが、これが、総理の示された基本方針とほぼ軌を一にしていたことに安堵したことを覚えている。私のペーパーのポイントは、消費者庁を内閣府に置いて、分担管理事務として消費者行政を所管するのと併せて、各省庁よりも一段高い立場から各省庁の消費者保護に係る行政を総合調整する機能を与えるということだったが、後者は、基本方針の中で「消費者行政の司令塔」としての機能と位置づけられていた。同時に、ペーパーでは、分担管理官庁としての消費者庁は、ただ単に他の省庁が所管している既存の法律を横取りしたり、これに相乗りをしたりというだけでなく、省庁横断的な消費者保護のための新法をみずから策定し、いわゆるすき間や落ちこぼれがないようにすることを提案していたが、これについても、基本方針では「検討を進める」こととされていた。

　2000年の中央省庁改革時に設けられた、内閣府に内閣を助けて総合調整を行わせるという仕組みは、内閣官房との役割分担がわかりにくいこともあり、個人的には必ずしも賛成でなかったが、消費者庁に消費者行政の司令塔として機能を付与する上では、とても好都合な法制だった。また、この横断的な新法という提案が消費者安全法として結実したことは、木村茂樹氏の第2章「消費者庁および消費者委員会が設置に至るまで」において紹介されているとおりである。このように消費者庁は、その設置法と消費者安全法を車の両輪としてスタートすることになったが、消費者庁が真の消費者行政の中核を担う機関として消費者の信頼を集める存在になれるかどうかは、発足後に、どれだけ前向きに消費者保護に資する制度や法令を整備していけるかにかかっていると考えていた。そのため、「仏作って魂入れず」といったことにならないようなどと生意気な注文を付けたりもしたが、消費者団体訴訟制度の拡充をはじめとして、消費者庁がその後も積極的に消費者保護立法の企画立案に取り組んでおられるのを見ると、私の心配はどうやら杞憂に終わっ

たようだ。松本先生をはじめとして、推進会議の委員を務められた方々が少なからず、消費者委員会の委員等として引き続き消費者行政に関与されてきたことが、消費者庁のこうした前向きの姿勢につながったのではないかと推察している。

　私自身は、消費者庁の発足後、消費者庁や消費者行政とは無縁に過ごしてきたが、推進会議がなければ生涯知り合うことがなかったであろう委員の皆様に、行政そのものの原点を教えられたように思うし、川戸さんのお骨折りで、その後も折につけて開かれる推進会議の同窓会で、元委員の皆様が消費者行政について熱く語られるを拝聴するのを今も楽しみにしている。お元気な皆様の議論を聞くたびに、この人たちの情熱が消費者庁を生んだのだなあ……と、感慨を新たにしているところである。

（阪田　雅裕）

4　消費者庁設立への議論に参加して

　思い起こせば、福田元総理からは折々にさまざまなテーマでご指導を頂戴してきた。

　いずれも福田元総理が国民を思い、課題解決に向けて率先して挑戦しようとの強いご意志から発せられたものばかりで、その度に私にできることを精一杯務めようと決意し臨んできた。中でもこの消費者庁設置における議論については、当社では経営理念の柱の一つとして「お客様大事」の実践が求められ、多くの社員が日々、多様なお客様と接していることもあり、産業人の一人として参加するからには、まさにわが事として建設的な意見表明をしなくてはならないと身が引き締まる思いがあった。

　当時、特に冷凍餃子事件に象徴される生活者にもっとも身近な「食の安全」を脅かす切迫した問題も背景にあり、2008年2月に設置された「消費者行政推進会議」は6月13日までの短期間に8回の会合を重ね、政府主催の会議としては、異例の速さで最終報告に至った。それまで、私はいくつかの政府関連の会議に参加してきたが、その拙い経験からも、これだけ短期間に集中して議論したものは記憶にない。しかも、第1回から、福田総理の「消費者行政を速やかに変えていかねばならない」との並々ならぬ強い意気込みが伝わり、その姿勢は最終報告の会議まで一貫して変わることはなかっ

た。座長の佐々木毅氏（元東京大学総長）から、最終報告書「消費者・生活者の視点に立つ行政への転換」が示されたときには、これで日本の消費者行政は大きく前進すると確信した。何より省庁名に「消費者」と銘打たれたことも画期的なことだと感じた。

当社は松下幸之助が創業してから間もなく100年を迎えるが、常に人びとの身近なところで貢献する製品を生み出そうと努めてきたので、「消費者の視点・生活者の視点」という言葉はなじみのある言葉であり、それにいかに徹するかが「お客様大事」の根幹になる。一方で、消費者庁を巡る議論が具体化するまで政府や行政の方々、ましてや時の総理から繰り返しその言葉が徹底して発信されることはあまりなかったのではないかと思う。

私がメンバーに選ばれた理由の一つには、私たちが消費者・生活者に近いところで事業を営んでいることに加えて、2005年に発生し、お客様、社会の皆様に多大なご心配をおかけしたFF式石油暖房機事故（1985年〜1992年に製造・販売）という痛恨の事態を経験し、その探索活動を粘り強く続けてきたことも背景にあったと想像される。非常事態として全社が一丸となり、お客様、取引先、行政、自治体はじめ多くの皆様方のご支援をいただきながらの信頼回復の取組みを通じて、改めて、徹底して消費者・生活者の視点に立って、安全を何よりも優先する企業活動のあり方、仕組みづくりの重要性を思い知らされた。

消費者・生活者にとって、「安心・安全」はあらゆる製品・サービスに求められる最優先の価値だ。しかし、消費者・生活者をとりまく製品・サービスは多様であり、当時まで関係する省庁もさまざまだった。どうしても縦割り行政の弊害で、情報の収集、分析、そして、対策、アクションが遅れてしまう現実があり、消費者・生活者から見た相談窓口を一元化して速やかに対応するために行政組織はいかにあるべきか、その方向性を見出すことが会議に与えられた命題だったと思う。

私が会議で一貫して主張してきたのは、消費者・生活者の身近なところで、何でも相談できる行政組織の必要性だ。自らの日常生活を考えても、困りごとをどこに相談していいのかわからない。当社でいえば「お客様相談センター」にあたる行政版「消費者110番」のような存在だ。その役割を全国にある「消費生活センター」を拡充強化して担って欲しいと力説してきた。

したがって、最終報告で示された以下のポイントは、まさにわが意を得た

りの感があった。
　○消費者が何でも相談でき、誰もがアクセスしやすい相談窓口の全国ネットワークを構築
　○相談窓口と行政の対応を直結し、トラブルに迅速に対応
　○消費者行政の「司令塔」として、各省庁の取組みを強力に指導
　○消費者の目線に立って、各省庁の縦割りを超え幅広い分野を対象に新法等の企画立案
　○政策全般に消費者の声を反映する仕組み
　さらに、消費者・生活者にもっとも身近な「消費生活センター」などの地方の消費者行政の充実・強化について、具体的な取組みが明示され、消費者庁が司令塔となって、「迅速性・即時性」「専門性」をもった消費者行政が実現できることに期待するとともに、私たちは、その変化に、的確に対応していかねばならないと決意を新たにした。
　こうした経緯を経て、2009年9月に消費者庁が設立されたことは消費者行政の抜本的な改革であり、消費者、産業人、行政が三位一体で築いていく21世紀型の「消費者第一」の仕組みづくりだったと思う。同時に、私たち産業人は常に消費者・生活者の視点に徹することが求め続けられており、この取組みにゴールはない。
　消費者庁が設立されて再来年で早10年。この10年、社会は大きく変化している。中でもスマホをはじめAI、IoTなどデジタルネットワーク革命は劇的な発展と進行を続けており、生活革命とも言える大きな変化を生活者にもたらしている。利便性とともに新たな課題も生じている。消費者・生活者を取り巻く課題は、ますます多様化・複雑化しており、対応する行政は文字どおり省庁横断、有機的な連携で取り組むべきテーマが急増している。消費者庁設立の意義が一層高まるものと、議論に参加した一人として確信する昨今だ。
　日本の消費者・生活者は、「賢い消費者」「優れた目利き」として、日本のさまざまな製品・サービスを鍛え、世界に冠たる品質の向上を実現してきた。産業人にとって、消費者・生活者の声は常に貴重であり、産業界の切磋琢磨の原動力となってきた。一方で、今、消費者・生活者側も「消費者」として求めるサービスを一度立ち止まって、「生活者」の視点で見直す必要も出てきていると思う。昨今の宅配便を巡る問題、働き方改革の問題は、消費

者が際限なく要求を高めていく裏返しでもあるからだ。私もまた、一人の産業人、消費者であると同時にバランスを失わない生活者の視点をしっかり持ち続けていきたいと考えている。

(中村　邦夫)

5　消費者庁創設への思い

　「消費者行政推進会議」のメンバー11人のなかに地方自治体関係者は私一人であった。私は当時、新宿区長を務めており、また、新宿区長就任前、東京都で消費者行政に携わった経験を持っていたことから、そうした経験を会議の場で活かすことが求められていると認識して会議に参加していた。

　会議のなかで一番記憶に残り、今でも敬意を感じているのは福田康夫総理の決断である。それは、消費者庁の創設は審議会等の提言や担当省庁の検討のなかから出てきたものでなく、総理のトップダウンの構想であったことである。私の長い行政経験から、消費者行政が置かれていた行政全般のなかでの位置を考えると、総理の見識に率直に驚きを禁じ得なかった。消費者行政は国民・住民の安全・安心に関わる重要な基盤的行政とはいえ、従来の行政組織のなかでは主要な部分を担っているとはいえず、地味で、予算や人員を取りにくい分野であった。

　行政改革が課題となるなか、トップをはじめ財政・人事当局等にその重要性や予算・人員の必要規模を理解してもらうのは至難の業といっても過言ではない状況がこれまで一般的であったと思う。そうしたなか、「安全・安心の重視」「消費者や生活者の視点に立った行政」を他の重要課題とともに政策の柱に掲げた取組みは、時代の要請であったとはいえ、長い政治経験等のなかで育んだ福田総理ならではの深い洞察に基づく、先端的に時代を捉えたものと考えている。公文書管理の問題への取組みについても同様で、福田総理の行政への地道で、かつ鋭い視点に敬意を抱いた。この機会を逃さず、機能する消費者庁創設にこぎつけることができるよう、少しでもお役に立てればと考えたことを昨日のように覚えている。

　会議のテーマであった「新組織はどうあるべきか」について、私は、新組織は可能な限り各省庁に分散している権限等を一元化し、地方の消費者行政と連携することを基本に、特につぎの2点が欠かせないと考えていた。第1

点は、消費者政策の総合的企画・立案とともに消費者行政にとって基本となる「安全・取引・表示」に関する基幹的個別法を所管し、執行権限を持つことがなんとしても不可欠と考えていた。この点については異なる考え方もあり、大きな論点といえ、新組織の死命を制すると考えていた。なぜなら企画立案・総合調整・勧告だけの機能だけでは、往々にして執行権限を持つ所管官庁の仕事を基本にした計画づくり等の調整・まとめ役になってしまうことを懸念したことによっている。基幹的な個別法を所管し、執行権限を持って消費者や事業者、事案の課題に向き合う基盤があってこそ、総合調整・企画立案・勧告等が機能するのが組織の現実であると、長い行政経験のなかで考えていた。

　総合調整・企画立案等の機能は格好良く見栄えはするが、それだけでは機能しない、「色男金も、力もなかりけり」では困ると主張した。この点については、会議に出席されていた町村信孝官房長官から会議の後、特定商取引法や景品表示法等の個別法を所管し執行権限を持つことが新組織にとって必要不可欠なのかと再度確認され、ご理解いただいたことは本当にありがたく思っている。

　2点目は、国・地方一体となった消費者行政の強化である。消費者窓口に関する課題の整理も論点の一つであった。消費者が頼れるわかりやすい窓口の設置は、消費者行政充実の基本的課題であり、この窓口機能は市区町村や都道府県の設置する消費生活センターを活用し、充実を図ることこそが重要と考えていた。つまり、既存の基盤を最大限に活用することが、最も効果的と考えたのである。そのために、特に基礎自治体の消費生活センターの充実・機能強化を図り、国民に最も身近な相談窓口として役割を果たせるよう国として支援する仕組みづくりが課題であった。自治事務である消費者行政の弱体化が懸念されるなか、消費生活センターを法的に位置づけること、専門相談員の確保や質的向上など国民が良質なサービスを受けられる環境整備を進めることが必要であり、国が地方自治体の自主性を尊重しながら財政的支援等を行うことが求められていると考えていた。また、新組織は消費者被害や要望を国・地方一元的に収集・分析して、生活者本位の法改正を迅速に促す体制を持つことが不可欠と意見を述べた。

　消費者行政推進会議は佐々木毅座長の下、平成20年2月12日から8回開催され、6月13日に報告書がまとめられた。報告書は、消費者庁の創設は

明治以来の日本の縦割り・産業振興を主とした政府機能の見直しを目指すものであり、消費者・生活者の視点に立つ行政への転換、行政の「パラダイム（価値規範）転換」の拠点であることを明確にして、画期的かつ時代に先駆けて感動的である。また、具体的な新組織設置に向けた取りまとめであり、消費者庁の原点を確認できるものとして、多くの人々にその思いを共有していただけたらと考えている。

消費者庁創設は福田内閣から麻生内閣に引き継がれ、平成21年9月1日に消費者庁・消費者委員会が発足し、早や8年目を迎えている。消費者庁創設は、岸田文雄担当大臣、野田聖子担当大臣の各省協議や国会審議における奮闘はもちろんのこと、この間の消費者団体等関係者の努力なくして今日はない。「小さく生んで大きく育てる」という言葉にもあるように消費者庁が今後さらに活動を充実・強化していくためには、消費者団体、消費者・国民の後押しという、いわば育てる力が不可欠である。併せて、地方消費者行政の充実に向けて消費者・住民が関心を持ち、消費者市民社会の構築に向けて力を尽くしていくことが求められていると思う。

私も、消費者庁創設後制定された消費者被害回復のための消費者裁判手続法に基づき、特定適格消費者団体第1号の認定を受けた「消費者機構日本」の活動に携わっており、微力ではあるが力を尽くしていきたいと考えている。

(中山　弘子)

6　消費者問題の流れから見た消費者庁・消費者委員会の設立

福田康夫元総理とのインタビューに登場してくる話題と消費者庁および消費者委員会に至る橋渡しの話をしたい。

〈消費者を取り巻く歴史からたどる〉

福田元総理のインタビューには、アメリカの商品テストの話が出てくる。『コンシューマー・リポーツ』という雑誌だ。1929年、若者2人が市場の商品の比較テストをはじめ、その結果を『あなたのお金の価値』という本にして出版したことが起点だ。その後、定期的に発行する雑誌になり、現在でも300万人を超える定期購読者がいる。

日本では、第二次世界大戦前には生活協同組合活動は展開していたが、消費者運動の芽生えは、戦後の生活からスタートする。モノ不足、物価高、粗悪品があふれる状況のなかで、関西や関東では、主婦を中心にした活動がはじまる。1948年（昭和23年）に主婦連合会が発足し、1950年（昭和25年）には、日用品審査部を開く。同じ頃、『暮しの手帖』も発刊している。商品テスト花盛りの時代で、品質を見極めるテスト、比較テストと手法はさまざまだ。

1960年（昭和35年）に、IOCU（国際消費者機構　現在はCI）が発足する。表示のあり方や商品テストの手法、消費者教育などについて国際的な意見交換がはじまる。

1962年（昭和37年）、アメリカではケネディ大統領が「特別教書」で「消費者4つの権利」を発表する。さらに、1960年代のアメリカでは、弁護士ラルフ・ネーダーが『どんなスピードでも自動車は危険だ』を著していた。

日本でも、1960年代には東京都、農林省、通産省に消費経済課が設置されていき、1968年（昭和43年）、消費者保護基本法が制定された。消費者行政担当部局としては、1965年（昭和40年）に、すでに経済企画庁国民生活局が担うとされていた。

消費者保護基本法の制定を受けて、翌年、地方自治法が改正され、消費者行政は自治事務とされた。全国各地で消費生活センターの設置、消費生活条例づくりがはじまる。1970年（昭和45年）には、国民生活センターが設立された。

企業や行政を告発する告発型と呼ばれる運動や、地域に密着した草の根型の運動など消費者運動も盛んに取り組まれた。一方、企業でも、消費者からの相談や苦情に対応する窓口の設置がはじまっていく。公害問題への対応などから、この時点で、企業の社会的責任は問題になっていた。

1970年代に入ると、日本は2度の石油パニックを体験する。資源やエネルギーは有限だという認識も強まった。公害問題は深刻だったが、消費者自らの家庭から出すゴミや、水質汚染の問題も深刻だった。食料も輸入が増え、その安全性に不安がもたれ、食品の安全確保や表示の充実が求められていった。さらに、食料や資源など輸入する相手国での生産のあり方にまで消費者の目が向くようになっていく。

1982年（昭和57年）、IOCUは「消費者8つの権利　5つの責務」を公表

し、消費者に自覚ある行動を求めた。翌年、IOCU は、日本の埼玉県嵐山で「健康と安全のセミナー」を開催する。

　ところで、消費者行政は必要だという認識はあっても、位置づけは明確とは言えなかった。毎年 12 月になると、全閣僚が揃っての消費者保護会議が開かれ、各省庁の主な消費者政策と予算案が一覧にされたが、B4 版の紙 1 枚におさまる内容だった。

　1980 年代に入ると、豊田商事事件に代表されるように、悪質商法が跋扈するようになり消費生活センター等はその対応に追われることになる。

　1980 年代後半から国際化や IT 化が進展していくなかで、規制緩和・規制改革路線が本格化する。消費者教育の必要性も強調され、1990 年（平成 2 年）には、消費者教育支援センターが発足する。

　消費者行政のあり方については、1998 年（平成 10 年）にまとめられた『消費者行政 30 年の軌跡』（経済企画庁国民生活局編）の「巻頭のことば」で、消費者政策は、時代の状況にとともに変化してきているとし、「政策運営の原点は、事前規制から市場ルールの整備へと転換し、消費者と事業者が自己責任に基づいて行動できる環境整備が重要になっています。このような認識のもとに、消費者政策も、消費者を保護することから、消費者の自立を支援する方向へと次第に重心を移していくことが求められております。」とされた。

　製造物責任法や消費者契約法が制定され、2004 年（平成 16 年）に、消費者保護基本法が消費者基本法に改正された。消費者基本法では「基本理念」が新設され、消費者の権利が位置づけられた。併せて、消費者団体への団体訴権の付与が図られ、公益通報者保護法が制定された。

　消費者基本法では「基本理念」を具体的に位置づけるものとして、長期的に講ずべき消費者政策の大綱となる「消費者基本計画」を定めることとされた。第 1 期消費者基本計画（2005 年～2009 年）では、170 本を超える消費者政策が各省庁から寄せられた。消費者基本計画は、毎年度、検証・評価・監視が行われ、見直し作業が入る。当時、国民生活審議会がその役割を担ったが、策定したつぎの年度は各省庁の担当者が現れたが、そのつぎの年になると、廊下で、なんの権限があって呼ぶのか！　といった声も聞こえてくる有様だった。

〈私たち消費者は何に困っていたのか〉

　2007年（平成19年）9月、福田康夫総理は就任するとすぐに国民生活センターの視察に向かわれた。思いもかけないことだった。

　そこから、消費者・生活者の視点に立った行政の総点検作業がはじまり、消費者庁設立の機運が高まっていく。消費者団体、消費生活相談員の団体、弁護士会、司法書士会など多くの団体が集まり「消費者主役の新行政組織実現全国会議」（愛称ユニカねっと）を結成、消費者庁の設置に向けて活動を展開し、街頭演説、議員への要請行動、全国各地へと出かけていった（消費者庁設置については、過去に主婦連合会、日本弁護士連合会から意見が出されている）。

　自民党、民主党など各政党も、消費者問題を考える委員会を設置し、勉強や新しい組織を作るにはどうしたらいいかの検討がはじまった。

　2009年（平成21年）3月、ようやく消費者庁設置法関連3法案が国会審議にかかることになった。衆議院での参考人のトップバッターは私だった。3時間以上に及ぶ長い質疑だったが、強調したのは私たち消費者は、何に困っていたかだった。

　消費者問題が起きても情報が一元化されていない。各省庁とも自らが主に対応を図るべきと考えていないのか、対応が消費者視点に欠ける。そのため遅くなる。うちの担当ではないとたらい回しにされるといった具合だ。

　たとえば、1995年（平成7年）、こんにゃく入りゼリーによる窒息死事故は半年で6人と相次いだ。新発売の商品で短期間にこれほどの死者が出ているのだから、市場から撤退すべきだと農林省に提言した。しかし、業界としてようやくひとつの活路を見出したところで、それだけは勘弁をという製造者に顔を向けた返答だった。

　パロマガス湯沸かし器による一酸化炭素中毒事故も、過去にさかのぼると同様の事故は数多く起きていた。21人もの死者を出してようやく原因究明され、回収ということになった。シンドラー社のエレベータ戸開走行による死亡事故も、消費者の視点からの検証は行われていなかった。

　1990年代には、有料老人ホームの入居金や契約が大きな消費者問題になったが、当時、厚生省は福祉対策以外の高齢者の住まいの問題には及び腰だった。

　2000年代に入り、FX取引（外国為替証拠金取引）による高齢者の被害が多

発したとき、FX取引を所管する官庁ははっきりしなかった。為替だから金融庁なのか？　先物取引だから経産省なのか？　金融庁と経済産業省の間の道に落ちていると揶揄された（最終的には、金融庁が対応した）。

　しかし、進展があり変わったと思う場面もある。たとえば、製品のリコール（自主回収）については、長らく事業者にとってはあまり公にはしたくないことであり、石油暖房機器の回収広告が7月の新聞広告に掲載されているような状況だったが、徐々に企業によっては真摯に検討、判断、対応するところが増えてきた。

〈消費者庁・消費者委員会の設置〉
　2009年（平成21年）9月、消費者庁および消費者委員会が設置された。消費者委員会は、国会での審議のなかで設置が決まったもので、何をすべきか、消費者委員会委員と手探りの取組みが続くことになった。
　消費者委員会の事務局の定員は、2名しか配置されていなかった。他の省庁からの出向、兼任、地方自治体や民間団体からの派遣など10名余りで船出した。官・民混成チームの面白さはあったが、新しい消費者行政に取り組んでいく高揚感と同時に大変な日々を重ねた。消費者庁、消費者委員会は法律にもとづく仕事、国会審議における膨大な附帯決議への対応、突発的に起きる消費者問題への対応に追われるような日々が続いた。さらに、消費者委員会は"自ら調査"のテーマに取り組んだ。事務局スタッフの尽力には今でもとても感謝している。
　消費者庁および消費者委員会の設置は、消費者・生活者を主役として行政の枠組みを大きく変えるものだ。現在、全国すべてに消費生活センター、消費生活相談窓口が設置された。消費者庁は司令塔の役割を持つとされている。魂を込め、力を発揮すれば、さまざまな取組みが可能だ。しかし、現在、消費者庁・消費者委員会設置の意図は、隅々にまで伝わっている、徹底しているとは見えない。短期間で立ち上げたことも影響していると思う。この本の出版の狙いも、当時の理念を伝える一助になればと考えたことにある。
　さて、福田康夫元総理のインタビューでは、消費者の意識改革が大事だとしている。これからの社会の構築に向けて欠かせない視点だ。2015年（平成27年）9月、内閣府が行った「消費者行政の推進に関する調査」のなかで、自分の消費行動が社会に与える影響に対する認識を聞いている。「思っ

ている」「どちらかといえば思っている」が64、3％にのぼる。

消費者としての意識、行動は消費者問題の解決に力を与え、さらに将来に向けての企業、行政、社会の変革につながっていくと期待している。

（原　早苗）

7 「消費者行政の一元化」の文脈

1 はじめに

消費者問題は、事業者と消費者との間の情報や交渉力の格差、さらには消費者が生身の人間であることから生じる問題であり、その点を行政が認識した上で意識的に展開する政策が消費者政策（行政の役割という点からは消費者行政）である。このことは、消費者政策をめぐる主要なステークホルダー（利害関係者）である事業者、消費者、行政を3つの頂点とする三角形でしばしば表現されている。

消費者庁・消費者委員会の設置は、三角形の3つの頂点の1つである行政を変えるという意味を持っていた。

他方、他の頂点である事業者については、企業を含むあらゆる組織の社会的責任に関する国際規格として、2010年11月に国際標準化機構（ISO）からISO26000「社会的責任の手引」が発行され、翌2011年3月には、日本工業規格のJIS Z 26000としても制定された。

さらに、もう1つの頂点である消費者についても、消費者市民社会の実現をその目的の1つとする「消費者教育の推進に関する法律」（消費者教育推進法）が、2012年8月に成立し、同年12月から施行されている。

図　消費者問題の三角形

```
        行政
   消費者行政の一元化
        2009年

  事業者          消費者
企業の社会的責任   消費者市民社会
   2010年          2012年
```

このように、2009年から2012年の3年ほどの間に、消費者問題の主要な3つのステークホルダーに変革を迫る大きな動きが生じている。消費者庁・消費者委員会の設置だけではなく、これらの全体をみることが重要であると思われる。

2　消費者行政の一元化

　消費者庁ができるきっかけとなったことがらはつぎの3点であり、それらが実際の消費者庁の姿に反映している。すなわち、第1に、消費者問題に大きな関心を示していた福田康夫氏が2007年9月に首相に就任したこと、第2にそのころ食品をはじめとしたさまざまな商品の偽装表示事件が連日報道されていたこと、第3に、2007年12月から2008年1月にかけて全国数か所で中国製輸入冷凍ギョウザに混入していた農薬による中毒事件が発生したことである。

　消費者庁の設置を進める動きは、「消費者行政の一元化」というスローガンで表現されていたが、これは1960年代から始まった消費者政策の主要部分である規制行政と支援行政の仕組みに係わるものである。私見では、消費者行政の一元化は、「政策立案と規制の一元化」、「情報の一元化」、「地方における相談窓口の整備」の3つの意味を持っている。

　消費者保護に関する「政策立案と規制の一元化」、すなわち消費者庁への権限移管は、規制改革の流れの一環と位置づけることができる。中曽根内閣以来の規制緩和・規制改革には、事前規制・参入規制から事後規制・行為規制への流れとともに、業種や商品・サービスごとの細かい縦割り規制から共通ルールによる横割り規制への流れがあるが、消費者庁への権限の移管は、業界の保護育成の権限を持たない消費者庁に事後規制の権限のみを与えるということで、まさに縦から横への規制改革である。

　もっとも、現実に消費者庁に移管されたのは、表示や身近な取引に関する法規に限られている。これは、偽装表示事件の頻発の反映である。

　製品やサービスの安全に関する規制権限は、従来の主務官庁に留められ、事故情報のみが消費者庁に迅速に集約される仕組みが導入された。すなわち、「情報の一元化」である。これは、輸入冷凍ギョウザ事件で、事故情報の集約の遅れが批判されたことと、消費者の安全に係る権限をすべて消費者庁に移管すると消費者庁の肥大化につながることが危惧されたことによる。

「地方の相談窓口の整備」は、2008年4月23日に福田首相が提示した「守るべき3原則」の1つである「国民目線の消費者行政の充実は、地方自治そのものであること。霞ヶ関に立派な消費者庁ができるだけでは意味がない」を反映したものである。

3 企業の社会的責任

　規格・基準には、法律がその遵守を義務づけている強制的なものと、そうではない任意のものとがある。ISOの規格のような任意規格は、法律的に強制されるわけではないが、これに準拠していないと技術上あるいは取引上不利に取り扱われるという社会的な圧力で、守らざるを得ないようにさせるソフトローの一種である。

　2010年に発行されたISO26000「社会的責任の手引」は、社会的責任の中核主題として、「組織統治」、「人権」、「労働慣行」、「環境」、「公正な事業慣行」、「消費者課題」、「コミュニティへの参画及びコミュニティの発展」の7つを挙げている。そして、「消費者課題」には、「公正なマーケティング、事実に即した偏りのない情報、及び公正な契約慣行」、「消費者の安全衛生の保護」、「持続可能な消費」、「消費者に対するサービス、支援、並びに苦情及び紛争の解決」、「消費者データ保護及びプライバシー」、「必要不可欠なサービスへのアクセス」、「教育及び意識向上」が、企業が取り組むべき個別課題として列挙されている。

　ここで、「持続可能な消費」は、「持続可能な発展に即した速度で、製品及び資源を消費すること」と定義されている。持続可能な消費は、消費者がそういう消費生活のスタイルをとるべきだということであって、本来は、消費者の社会的責任の話である。ただし、市場経済において、消費者だけが持続可能な消費への志向を持ったとしても、それに見合った製品・サービスが提供されないと、持続可能な消費は実現できない。ISO26000が企業の社会的責任として持続可能な消費を掲げているのは、そういう志向を持った消費者に対して製品・サービスについての正確な情報を提供したり、持続可能な消費を可能とする製品・サービスを供給したりすることが企業の社会的責任だという文脈においてである。

　さらに、消費者課題のなかの「教育及び意識向上」は、消費者教育を行い、消費者の意識の向上を図ることを企業の社会的責任と位置づけている。

ここでは、消費者に持続的な消費、責任ある消費をさせることが消費者教育の目的の1つとされている。

結局、持続可能な消費というキーワードを使って、企業の社会的責任と消費者の社会的責任が入れ子になっており、両者のサイクルがうまく回ることによって企業と消費者の双方にとってプラスになる持続可能な社会が実現することを目指しているのである。

4　消費者市民社会

2007年11月の国民生活審議会総会における福田首相の指示を受けて、国民生活審議会は消費者・生活者の視点から行政のあり方の総点検を行った。2008年4月に提出された国民生活審議会の意見「消費者・生活者を主役とした行政への転換に向けて～生活安心プロジェクト（行政のあり方総点検）」では、「消費者市民社会」という考え方が打ち出された。

2008年12月に公表された『平成20年版国民生活白書』の表題は、「消費者市民社会への展望―ゆとりと成熟した社会構築に向けて―」と題されている。ここでは、従来の消費者問題の議論において意識されていた「経済主体としての消費者・生活者」のみならず、「社会変革の主体としての消費者・生活者」、「社会の主体としての消費者・生活者」を分析している。とりわけ、消費者の社会的価値行動、市民としての役割に着目した「社会変革の主体としての消費者・生活者」に頁数が割かれており、消費者像の転換を迫る内容となっている。消費者がこう行動すれば、世の中がもっとよくなるという視点は、まさに消費者の社会的責任論である。

2012年に成立した消費者教育推進法は、消費者市民社会を「消費者が、個々の消費者の特性及び消費生活の多様性を相互に尊重しつつ、自らの消費生活に関する行動が現在及び将来の世代にわたって内外の社会経済情勢及び地球環境に影響を及ぼし得るものであることを自覚して、公正かつ持続可能な社会の形成に積極的に参画する社会」（同法2条2項）と定義し、消費者教育には、「消費者が主体的に消費者市民社会の形成に参画することの重要性について理解及び関心を深めるための教育を含む」と明記している（同法2条1項）。

消費者団体の国際組織であるコンシューマーズ・インターナショナル（CI）は、以前から「消費者の5つの責任」として、「商品やサービスの用途

等に関する批判的意識」、「自己主張と行動」、「自己の消費行動が他者に与えることがらへの社会的関心」、「環境への自覚」、「連帯」を挙げている。これは、消費者市民社会が目指すものと共通している。

また、2015年9月の国連持続可能な開発サミットで採択された「持続可能な開発目標（SDGs）は、「持続可能な消費・生産形態を確保する」（目標12）を政府の政策目標として定めている。

5 むすび

下記の表に見るように、行政規制に代替し、あるいはそれを補充するような監視の主体が活躍できる土壌ができつつあるという点に、現在の日本社会の特徴がある。

表　監視の担い手

主体	手法
監督官庁・消費者庁	調査・処分・指導
株主	株主代表訴訟
投資家	社会的責任投資、日本版スチュワードシップ・コード
従業員	公益通報者保護
消費者団体	消費者団体訴訟
取引先	サプライチェーン・マネジメント
競争事業者	独禁法のリニエンシー制度

これらの監視主体は、企業の社会的責任で論じられるステークホルダーとほぼ一致している。企業の社会的責任における基本的考え方の1つは、企業は、自社をめぐるステークホルダーとの対話を通じてその要望を聞きとり、その要望に配慮した経営を行うべきだということであるが、そのようなステークホルダーが、それぞれ企業監視の機能を担ってきているという非常に興味深い現象である。

企業内部の従業員による内部告発は、2004年に公益通報者保護法が成立し、2006年から施行されて以降、いっそう盛んになってきた。消費者庁設置のきっかけの1つとなった偽装表示事件が2007年以降多数報道されるようになった原因の1つは、この法律によって企業内の不祥事が外に出やすく

なったことによる。

　消費者団体に権利を与えるのが消費者団体訴訟であり、2006年に事業者の消費者契約法の違反行為に対する差止請求権が適格消費者団体に与えられ、その後、特定商取引法、景品表示法、食品表示法違反行為にも拡張された。2016年10月には、集団的消費者被害の救済を進めるために、個々の消費者が有する代金の返還請求権や損害賠償請求権を消費者団体が行使できるようにする「消費者の財産的被害の集団的な回復のための民事の裁判手続の特例に関する法律」（消費者裁判手続特例法）が施行された。前者は、一種の「行政規制の民営化」ということができるし、後者も、本来政府が行うべき業務を消費者団体が代行しているといえなくもない。実際、アメリカやブラジルでは、被害回復業務の当事者として政府機関が直接に関与している。

　未だ小さな組織である消費者庁としては、これら民間の力をうまく引き出して、企業のコンプライアンス経営を促進していくべきであろう。

（松本　恒雄）

8　消費者庁は、日本にデモクラシーを実現する先兵たれ

　1989年9月16日、日本弁護士連合会は、島根県・松江市において第32回人権擁護大会を開催し、「消費者被害の予防と救済に関する国の施策を求める決議」を採択した。当時、我が国ではスモン、カネミ油症、医薬品等の被害や欠陥車、ベビーベッド、家庭用洗剤等の生活用品被害、先物取引、豊田商事事件等の「取引」被害の事案、サラ金・クレジット被害等の「消費者信用」被害の事案等、数多くの消費者被害が発生していた。同決議では、「「消費者は、その消費生活のすべての場面で、安全および公正を求める権利が保障されるとともに、その実現に参加する権利を有する」ことを確認し、その権利の実現のために、国に対しすみやかに次の施策を講じるよう求める」としたうえで、①消費者法の制定　②消費者に開かれた裁判制度の導入　③従来の縦割り行政、後追い行政の弊害を除去し、消費者の立場に立った総合的統一的な消費者行政を推進するため消費者庁を設置することを求めた。

　同大会は、日弁連が消費者問題に本腰を入れた初めての大会であり、「消費者庁の創設」を公的な場で求めた初めての大会でもあった。しかし、「消費者庁創設」の機運はなかなか高まらず、私が日弁連消費者問題対策委員会

委員長を務めていた2007年頃には、パロマガス湯沸かし器、こんにゃく入りゼリー、エレベータ事故、冷凍ギョウザ、汚染米、耐震偽装事件などが発生し、国民生活センターの統廃合問題が議論されていた。

2007年9月、福田内閣が誕生した。福田総理は、同年10月1日の所信表明演説で、「生産第一という思考から、国民の安全・安心が重視されなければならないという時代になった……真に、消費者や生活者の視点に立った行政に発想を転換し……消費者保護のための行政機能の強化に取り組」むと述べ、翌年1月18日の施政方針演説では「消費者行政を統一的・一元的に推進するための強い権限を持つ新組織を発足させ」ると述べた。一方、民主党も同年2月7日、消費者権利院（消費者オンブズパーソン）制度の提案を行った。

同年2月12日、福田総理の下に有識者会議として「消費者行政推進会議」が立ち上がり、私も同会議の委員として参加した。その頃、福田総理は「各省庁縦割りの産業育成行政は古くて無駄。産業振興行政から消費者目線の行政への転換が必要だ。安全・安心・良質な市場の実現こそが質を高め長期的利益をもたらす唯一の道だ」と発言し、時の総理が「縦割り省庁は古くて無駄」「消費者目線の行政へ転換する」などという言葉を発するはずもないと決めつけていた私はとても新鮮な驚きと期待に心が震えた。

早速、私たちは、「消費者のために新組織を作ろう」「地方の消費者行政を活性化しよう」などと世論に訴える活動を開始した。同年3月25日には「消費者主役の新行政組織実現全国会議（ユニカねっと）」が結成され、全国各地の弁護士会や各地の消費生活相談員、自治体で消費者行政に携わる職員、消費被害者、一般市民らが街に出てチラシを配布し、また、消費者のための行政組織を創設しようとするパネル、シンポ等の集会が札幌、盛岡、仙台、福島、群馬、埼玉、千葉、東京、神奈川、名古屋、岐阜、富山、大阪、広島、徳島、宮崎、熊本、鹿児島など全国各地で、ほぼ毎週のように開催されはじめた。例えば、大阪では「消費者庁ってなんやねん」と題する寸劇等が企画され、600名余りが集まった。群馬では相談員らがキャンディーズの「春一番」を替え唄にして「もうすぐ消費者庁」と唄い踊り、徳島では、後藤田正純、仙石由人衆議院議員らがパネラーとして論戦し、仙台では500人余りの参加者が「東北大集会」を開催した。400人もの参加者で盛り上がった熊本では、お城が見える懇親会場で私が作詞・作曲をしたCMソングを

原早苗さんらと一緒に余興で唄ったこともあった。

　♪悩みがあったらサンサンサン　訊きたくなったら333　太陽ほほえみサンサンサン　消費者庁 de サンサンサン　サーン、サーン、サーン（以下、繰り返し）

　消費者相談の電話番号を三ケタにして世論にアピールしようと考えて作った「名曲CMソング」だったが、その良さを理解しない多くの人達にボツにされた。

　2008年6月13日、消費者行政推進会議は福田総理に「取りまとめ」を提出した。同じ月の27日、消費者行政推進基本計画が閣議決定され、秋の臨時国会に消費者庁設置法案、関連整備法案、消費者安全法案（いわゆる消費者庁3法案）が上程され、民主党からも消費者権利院法案が提出された。ところが、同年9月1日、福田総理が突然退任され、同法案は翌年3月まで未審議のまま推移したが、その後、衆議院58時間、参議院30時間もの審議を経て、同3法案は2009年5月28日、参議院消費者問題特別委員会で全会一致で採択され、同年9月1日、消費者庁と消費者委員会が誕生した。

　2009年8月1日、福田前総理は「日弁連・人権擁護大会プレシンポ in 群馬」の集会に出席し、「吉岡と川戸委員から来いと言われて来た。私が消費者庁を立ち上げたのではなく、消費者団体の皆さんのおかげで消費者庁ができたのだ。日弁連にもお礼したい。……国民のために行政がどうあるべきか。国民にとって幸せな行政とは何か。これを常時考えるのが消費者庁だ。……地方分権はなんのためか。それが実現したら初めて日本にもデモクラシーが実現することになる。日本の民主主義が各地に定着するための先兵が消費者庁であり、国民生活センターだ。」などと消費者庁創設への熱い思いを語られた。閉会の挨拶に立った天田昭夫群馬弁護士会消費者委員会委員長は、「消費者庁ができた、これからが大切だ。充実した消費者行政を獲得するには住民一人ひとりの努力が大切だ。仏つくって魂入れずになってはならない。今日のこの声を国会等に伝えていこう」と締めくくった。

　「消費者のための省庁を創ろう」と全国の消費者らが熱く議論し盛り上がったあの時期をもう一度想起し、私たちはそろそろ消費者庁という仏に魂をしっかりと埋め込む作業に取りかからなければならない。消費者庁は「日本にデモクラシーを実現する先兵」なのだから。

（吉岡　和弘）

巻末資料

消費者行政推進会議取りまとめ

～消費者・生活者の視点に立つ行政への転換～

平成 20 年 6 月 13 日
消費者行政推進会議

巻末資料

消費者行政推進会議　名簿

(敬称略,50音順)

座長	佐々木　毅	学習院大学法学部教授
	川戸　惠子	ジャーナリスト
	阪田　雅裕	弁護士（前　内閣法制局長官）
	佐野　真理子	主婦連合会事務局長
	島田　晴雄	千葉商科大学学長
	中村　邦夫	松下電器産業株式会社代表取締役会長
	中山　弘子	新宿区長
	林　文子	日産自動車株式会社　執行役員
	原　早苗	金融オンブズネット代表
	松本　恒雄	一橋大学大学院法学研究科教授
	吉岡　和弘	日本弁護士連合会消費者問題対策委員会委員長、弁護士

以上11名

(平成20年6月13日現在)

1．はじめに

　「消費者を主役とする政府の舵取り役」としての消費者行政を一元化するための新組織の創設は、消費者の不安と不信を招いた個々の事件への政府全体の対応力の向上を目指すのみならず、明治以来の日本の政府機能の見直しを目指すものである。明治以来、我が国は各省縦割りの仕組みの下それぞれの領域で事業者の保護育成を通して国民経済の発展を図ってきたが、この間「消費者の保護」はあくまでも産業振興の間接的、派生的テーマとして、しかも縦割り的に行われてきた。しかし、こうした古い行政モデルは見直しの対象となり、規制緩和など市場重視の施策が推進されるようになった。その結果、今や「安全安心な市場」「良質な市場」の実現こそが新たな公共的な目標として位置づけられるべきものとなったのである。それは競争の質を高め、消費者、事業者双方にとって長期的な利益をもたらす唯一の道である。

　消費者行政を一元化する新組織の創設はこの新たな目標の実現に向けて政府が積極的に取り組むことを自らの行動を通して示すものに他ならない。それはまた、政府がこれまでの施策や行政の在り方を消費者基本法の理念である「消費者の利益の擁護及び増進」「消費者の権利の尊重及びその自立の支援」の観点から積極的に見直すという意味で、行政の「パラダイム（価値規範）転換」の拠点であり、真の意味での「行政の改革」のための拠点である。

　新組織は何よりも先ずこれまでの縦割り的体制に対して消費者行政の「一元化」を実現することを任務とし、そのために強力な権限と必要な人員を備えたものでなければならない。しかし、この組織が機動的に活動できる賢い組織として消費者行政において司令塔的役割を果すためには、何よりも地方自治体との緊密な協力が必要であり、消費生活センターの強化充実を前提にした緊密な全国ネットワークが早急に構築されなければならない。行政の「パラダイム（価値規範）転換」のためには中央地方を貫く、消費者の声が届く連携・協力のネットワークの創出が不可欠である。

　この度創設される新組織は行政のこうした大きな転換の重要な起点であり、発足後も「消費者の利益の擁護及び増進」のために継続的にその活動を強化充実していかなければならない。実際、すべてを一挙に、限られた時間の中で実現することはできな

い。こうした強化充実のためには消費者の声を真摯に受け止める仕組みの存在と消費者による強力な後押しが欠かせない。消費者がよりよい市場とよりよい社会の発展のために積極的に関与することがあってこそ、新組織はその存在感を高めることが出来る。

新組織の創設は、転換期にある現在の行政の関係者が「公僕」としての自らの活動の意味を再考する重要なきっかけを作るものであるとともに、消費者の更なる意識改革をも促すものである。その意味でこの改革は「消費者市民社会[1]」というべきものの構築に向けた画期的な第一歩として位置づけられるべきものである。

---

[1] 「消費者市民社会」とは、個人が、消費者としての役割において、社会倫理問題、多様性、世界情勢、将来世代の状況等を考慮することによって、社会の発展と改善に積極的に参加する社会を意味している。こうした社会の構築は、生活者や消費者が主役となる社会の実現に資するものと考えられる。

２．新組織が満たすべき６原則

消費者の視点で政策全般を監視し、「消費者を主役とする政府の舵取り役」として、消費者行政を一元的に推進するための強力な権限を持った新組織を創設する。

新たな消費者行政の強化は、消費者に安全安心を提供すると同時に、ルールの透明性や行政行為の予見可能性を高めることにより、産業界も安心して新商品や新サービスを提供できるようになり、産業活動を活性化させるものである。消費者の利益に叶うことは、企業の成長をもたらし、産業の発展につながるものである（別紙１、２参照）。

新組織は、行政に対する消費者の信頼性の確保を重視し、以下の６原則を満たす必要がある。

原則１：「消費者にとって便利で分かりやすい」

新組織は、「生産者サイドから消費者・生活者サイドへの視点の転換の象徴」となるものであり、消費者にとって便利で分かりやすいものとする。

具体的には、新組織は、消費者問題全般にわたり強力な権限と責任を持つとともに、消費者が迷わず何でも相談できるよう一元的窓口を持ち、情報収集と発信の一元化を実現する。こうした取組により、消費者からの信頼性の確保を図る。

原則２：「消費者がメリットを十分実感できる」

消費者被害の実態を踏まえ、被害防止や救済に結び付けられる仕組みを構築することにより、「消費者がメリットを十分実感できる」ものとする（別紙３、４）。

このため、新組織の担う消費者行政は、商品・金融などの「取引」、製品・食品などの「安全」、「表示」など、消費者の安全安心に関わる問題を幅広く所管する。また、物価に関する基本的な政策や消費者や生活者が主役となる社会を構築する上で重要な制度など、消費者の利益に大きな影響を及ぼす行政分野を幅広く担当する。

新組織は、一元的な窓口機能（苦情相談の解決を含む）、執行、企画立案、総合調整、勧告などの機能を有する消費者行政全般についての司令塔として位置づける。

さらに、消費者教育や啓発に係る地方支援、専門家の育成、国際的な連携（消費者被害に関する各国間の情報ネットワークの構築等）などに取り組む。

消費者に身近な問題を取り扱う法律は、新組織が所管するとともに、その他の関連法についても、新組織が関与する。

また、すき間事案への対応や横断的な規制体系の整備のため、新法の早急な制定に向け取り組む。さらに、父権訴訟、違法収益の剥奪等も視野に入れつつ、被害者救済のための法的措置の検討を進める。

原則3：「迅速な対応」

新組織は、消費者からの相談や法執行、さらには法律や政策の企画立案に至るまで、「迅速な対応」を行う。

緊急時には、新組織を担当する大臣を中心に、警察等を含め関係省庁との緊密な連携の下、緊急対策本部を設置するとともに、各省庁への勧告等の機能を有効に活用する。これにより、食品による危害事案などにも適切に対処する。

原則4：「専門性の確保」

新組織においては、各省庁や民間からの専門家の活用（例えば、公募制等を含む）を積極的に行うなど、消費者行政に関する幅広い「専門性」を確保・育成する。また、各省庁や民間に蓄積された専門性を活用する。

原則5：「透明性の確保」

新組織の運営に消費者の意見が直接届くような仕組みを導入する。具体的には、有識者からなる審議会的な機関を設置し、消費者等が新組織や各省庁の消費者行政（企画立案、法執行等）をチェックし、消費者の声を反映させる。

原則6：「効率性の確保」

新組織は、消費者の立場に立って強力な指導力を発揮する、機動的で賢い組織とする。消費者行政を総合的に取り扱う新組織の創設により、むしろ、各省庁の重複や、時代遅れの組織を整理することにつなげる。

新組織を簡素で効率的な仕組みとするため、例えば、窓口機能、情報収集、法執行を中心に、地方自治体への権限移譲や関係機関への事務の委任などを進める。
　新組織の創設が行政組織の肥大化を招かぬよう、法律、権限、事務等を移管する府省庁から機構・定員及び予算を振り替える。

3．消費者が頼れる分かりやすい一元的な相談窓口の設置

（1）一元的な相談窓口の設置

地方の消費生活センター及び国民生活センターを消費者が何でも相談でき、誰もがアクセスしやすい一元的な消費者相談窓口と位置づけ、全国ネットワークを構築する。窓口では、相談受付から助言・あっせん、紛争解決まで、一貫して対応する。一元的な消費者相談窓口の整備は、事業者の利便性を高めることにもつながると期待される。

一元的な消費者相談窓口に共通の電話番号を設けるとともに、消費者の生命・身体に関わる事故の発生など緊急な対応を要する事案について、全国ネットワークの代表的な窓口が、365日24時間対応し得る体制を構築する。

このため、地方の消費生活センターを法的に位置づけ、都道府県等の消費生活センターは中核センターとして、また、市区町村の消費生活センターは消費者に最も身近な最前線の窓口として、新組織、国民生活センターと連携しつつ、ともに一元的な消費者相談窓口として機能する（別紙5）。

国民生活センターは、国の中核的実施機関として、消費者相談（国民生活センターへの直接相談や、消費生活センターから持ち込まれる困難事案の解決支援）、相談員等を対象とした研修、商品テスト等を拡充するとともに、ＰＩＯ－ＮＥＴ[2]を刷新し、事故情報データバンクを創設するなどシステム整備を加速する。また、広域的な消費者紛争の解決（ＡＤＲ[3]）のため、体制整備を進める。こうした取組と並行して、業務運営の改善、内部組織の見直しや関係機関との人事交流の拡大など運営面、組織面、人事面の改革を進める。

（2）国、地方一体となった消費者行政の強化

国民目線の消費者行政の充実強化は、地方自治そのものである。消費者の声に真摯に耳を傾け、それに丁寧に対応していくことは、地方分権の下で、地方自治体が地域住民に接する姿勢そのものであり、国民目線の消費者行政の推進は、「官」主導の社会から「国民が主役の社会」へと転換していくことでもある。霞ヶ関に立派な新組織が

---

[2] 全国消費生活情報ネットワークシステム（Practical-living Information Online Network System）の略。
[3] Alternative Dispute Resolution（裁判外紛争解決手続）の略。

できるだけでは何の意味もなく、地域の現場で消費者、国民本位の行政が行われることにつながるような制度設計をしていく必要がある。このため、新組織の創設と併せて、地方分権を基本としつつ、地方の消費者行政の強化を図ることが必要である。また、消費者にとって身近な地方自治体から国に対して、消費者のための政策を提案できる仕組みを構築し、消費者の意見が出来る限り反映されることが重要である。

しかしながら、地方の消費者行政部門の状況をみると、予算は大幅に削減され、総じて弱体化している（別紙６参照）。地方の消費者行政をこの１、２年の間に、飛躍的に充実させるためには、特に当面、思い切った取組が必要である。

地域ごとの消費者行政は、自治事務であり、地方自治体自らが消費者行政部門に予算、人員の重点配分をする努力が不可欠である。

同時に、消費生活センターを一元的な消費者相談窓口と位置づけ、緊急時の対応や広域的な問題への対処等のために全国ネットワークを構築することは、国の要請に基づくものであり、法律にも位置づけを行うことを踏まえ、国は相当の財源確保に努める。

国がこれまで行ってきた直轄事業（ＰＩＯ－ＮＥＴの整備、研修、消費者教育や啓発への支援等）についても充実するとともに、地方自治体が消費者行政に取り組む誘因を強化するため、地方交付税上の措置や民間が消費者行政に貢献しやすくするような税制上の措置を検討する。

こうした環境整備を図るとともに、消費者の利益の擁護及び増進のために、国、地方、消費者、事業者がそれぞれ貢献できる新たな仕組みを構築すべきである。例えば、広範な主体が対話を通じて認識を共有し協働して消費者問題等の解決にあたる「円卓会議」を設置することなどが考えられる。

4．消費者庁（仮称）の設置とその機能
　～消費者庁は、政策全般を監視するための強力な勧告権を持つとともに、消費者に身近な問題を取り扱う法律を幅広く所管・共管～

（1）消費者庁の設置と組織法

　新組織の形態については、各省庁の施策の総合調整や各省大臣への勧告を行うことを可能とし、責任体制を明確にし、緊急時の迅速な対応等を可能とするため、内閣府の外局である「庁」とすることが望ましい。具体的には、「消費者庁」（仮称）（以下単に「消費者庁」という）を設置する（別紙7）。

　このため、組織法の中で、内閣府の外局として消費者庁を設置すること、「消費者の視点から政策全般を監視」するため、強力な総合調整権限、勧告権を付与することを規定する。また、既存の法律、新法を問わず具体的な法律案等を含む幅広い企画立案機能を規定する。消費者の目線に立って、各省庁の縦割りを超え幅広い分野を対象とした横断的な新法等を企画立案することは、消費者庁の重要な任務である。さらに、勧告権を実効あるものとするため、充実した調査・分析機能を備える必要がある。

　同時に、消費者行政担当大臣を置くことを明記する。

（2）情報の集約分析機能、司令塔機能

　消費者庁は、消費生活センターからの情報、国民生活センターのPIO-NETや事故情報データバンクを通じた情報、さらには関係機関（保健所、警察、消防、病院等を含む）からの情報などを一元的に集約・分析する。また、関係機関等の商品テスト機能を活用し、原因究明を行う。

　同時に、消費者庁は、事故情報に関する事業者からの報告を受け、調査の上、迅速、的確にそれを公表する。また、事業者内部の労働者等からの通報や広く国民・消費者からの不正取引に関する申出等を受け付ける。

　こうした取り組みを通じ、消費者庁は、消費者、事業者、その他の関係者からの情報を集約し、多角的、総合的に事実確認を行う。こうした情報分析を迅速に行うために、分野別に専門性を備えた情報分析官を配置する。

　消費者庁は、一元的に集約・分析した情報を基に、司令塔として迅速に対応方針を

決定する。具体的には、次のようなことが考えられる。
① 自ら所管する法律により対処可能なものは迅速に対処する。
② 事業所管省庁による事業者への指導監督等で足りると判断される場合は、所管省庁にその旨を指示する。さらに、必要な場合には、所管省庁への法執行の勧告等を行う。
③ 複数府省庁が連携して対応する必要があると判断される場合は、連携の在り方を調整し関係省庁に指示する。緊急時には、緊急対策本部を主宰し、政府としての対処方針を決定し、その実施を促進する。
④ 対応すべき省庁が明らかでない場合や緊急の場合等には、後述の新法等に基づき自ら事業者に対して安全確保措置等を促す。
⑤ 悪徳商法の拡大や、食品・製品等による消費者の生命・身体への被害の拡大が予想される場合には、原因究明が尽くされる前においても早期警戒警報を流すなど、情報発信機能を担う。
⑥ 以上に加え、既存制度のすき間を埋めるための制度の改正や新たな制度の創設も視野に入れる必要がある場合は、消費者庁において必要な措置を検討し速やかに方針を決定する。

これまで個別事案への対応は、緊急の場合も含め、ともすれば各省庁ごとにそれぞれの所掌の範囲内で縦割り的に処理されてきたが、上記のように、消費者庁が司令塔となり、消費者庁が決定した対応方針に従って政府一体となって対処することにより、迅速な被害の拡大防止、再発防止、被害救済の実現を目指す。

消費者庁は、こうした政府の対応状況について適時にフォローアップし、公表する。これを通じて、国民に対して情報提供、注意喚起を行い、国民、消費者の信頼の確保に努める。

このように、情報の集約・分析や対応方針の決定を消費者庁が一元的に担うことに伴い、各府省から組織、定員、予算を消費者庁に移し替える。

(3) 消費者被害の防止やすき間事案への対応等のための新法

さらに、消費者庁の設置に合わせ、消費者からの苦情相談の受付から法執行に至る

までの行政の対応を規定した新法の成立に向けて取り組む必要がある。

　この新法の中で、国及び地方自治体が、国民生活センター及び消費生活センターに、消費者が何でも相談できる一元的な消費者相談窓口を設置すること及びその窓口が実施する業務、果たすべき機能を規定する。これにより、消費生活センターを法的に位置づける。

　また、消費生活センターで受け付けた苦情相談に関する情報を消費者庁に集約すること、重篤情報は消費者庁に緊急通知することを規定するとともに、消費生活センターと保健所等関係機関の地域における連携について規定する。

　さらに、苦情解決のために必要な法執行を確保するため、消費者庁自らが迅速に対応することはもとより、各省庁に迅速な法執行を促す勧告等を行うとともに、すき間事案については、自ら対応することを可能にするために、事業者調査及びその結果の公表、その他の措置をとることを規定する。

　上記の新法に加え、父権訴訟、違法収益の剥奪等も視野に入れつつ、被害者救済のための法的措置の検討を進めることも重要である。

（４）個別作用法の所管

　個別作用法については、消費者に身近な問題を取り扱う法律は消費者庁が所管することとし、各府省庁から消費者庁に移管（一部移管を含む）・共管する（別紙８参照）とともに、安全に関わる事故情報の報告・公表、食品表示、消費者信用等の分野において、横断的な体系化（一般法の立案等）に取り組む（別紙９）。

消費者庁がこうした法律を所管することにより、以下のような効果が期待される。
- 〇　一元化された消費者被害情報を基に、すき間のない迅速な対応を実現するとともに、必要な場合には新規立法に直ちに取り組む。
- 〇　これまで各省庁の所管業種、所管物資ごとに分断され、個別に行われてきた規制を横断的に体系化することにより、他分野に比べ遅れた分野の規制を改善する。また、各省庁の法律で錯綜した規制を行ってきたものについては一元化し、分かりやすいものに変更する。
- 〇　消費者に分かりやすい広報・啓発を実施する。

○ 執行の現場である各地方組織の間の連携を強化する、 など

（ⅰ）まず、「表示」に関する法律については、
 ① 表示は、消費者に対し、商品・サービスの選択の基礎を与えるものであり、商品やサービスの性能や効果について誤解がないようにするため、商品やサービスの選択に当たって必要な情報が表示されること及び消費者を誤解させるような不当な表示がなされないようにする必要があること
 ② 消費者被害の実態を踏まえ機動的に対応することが重要であること（業界、企業に関する情報の重要性は相対的に小さいこと）
 ③ 各省庁をまたがる横断的な調整が必要であること（分野毎の規制の整合性確保、複数の法律が錯綜している分野における一元化、すき間事案への対応等）
などから、消費者庁が所管する。ただし、表示の基準作りに関しては、製造、流通プロセスに関する情報等も重要であることから、表示基準策定にあたり、各省庁の知見を活用する。

（ⅱ）次に、「取引」に関する法律については、民事ルールや被害救済ルール中心の法律、及び、消費者保護のための行為規制中心の法律は、
 ① 消費者被害の実態を踏まえ機動的に対応することが重要であること（業界、企業に関する情報の重要性は相対的に小さいこと）
 ② 各省庁をまたがる横断的な調整が必要であること
などから、消費者庁が所管（共管を含む）する。
 参入規制（免許制、登録制等）を持ついわゆる業法についても、当該参入規制がもっぱら消費者等の保護のための行為規制を担保するために設けられている法律や、一元的な新法に組み込むことを目指すべき法律は、消費者庁が所管（共管を含む）する[4]。具体的には、こうした法律は、業の健全な発展と利用者保護の両方を目的としていることから、行為規制の企画立案については、消費者庁と業所管官庁の共管とする。また、二重行政を避けるため、登録、免許等のいわゆる入口規制と出口である登録取消し等の処分については業所管官庁の所管としつつ、

---

[4] 一方、当該参入規制が単に取引ルールの遵守を担保するのみにとどまらず、例えば、公共的なサービスの安定的な供給等のために、事業経営の健全性の確保といったことを目的とするような法律については、原則、各省庁が所管し、消費者庁が一定の関与を行う。

11

消費者庁は強力な勧告権を持つこととし、その旨を個別の業法に明記する。また、消費者庁は、処分について事前協議を受けるべきである。

さらに、不正取引に関する申出制度の整備を進める。

(iii)「安全」に関する法律については、民事ルールを定める法律は、消費者被害の実態を踏まえ整備することが必要であることから、消費者庁が所管する。

危害の発生についての報告制度、情報収集、情報分析（商品テストを含む）、危害の発生に即応した司令塔機能、緊急避難措置に関する法律は、

① 消費者被害の実態を踏まえ機動的に対応することが決定的に重要であること
② 各省庁をまたがる横断的な調整が必要である

ことなどから、消費者庁が所管する。特に、重大事故報告・公表制度については、消費者庁が所管し、消費生活用製品以外の製品、食品、サービス、施設等の分野に広げていくこととする。この重大事故報告・公表制度を含め、消費者庁は、安全に関する情報を一元的に集約・分析するとともに、情報を早期に発信・公表することなどにより、食品をはじめとした消費者の「安全」を確保する。

安全基準の設定については、製造、流通プロセスに関する情報を踏まえることが重要であるが、同時に消費者被害の実態等を反映することが必要であることから、各省庁が消費者庁に協議した上で決定することを各法律に規定する。

食品安全基本法は、消費者が日常的に消費する食品の安全に関する基本法であることから、消費者庁に移管する。ただし、食品安全委員会の設置等に関する規定の所管については、引き続き検討する。

(iv) また、消費者庁が被害情報等を一元的に収集した上で、調査・検査・試験等を、（独）製品評価技術基盤機構、（独）農林水産消費安全技術センター、（独）国立健康・栄養研究所等の関係機関に、機動的に要請できる仕組みを構築する。具体的には、消費者庁が個別作用法に基づく権限を円滑に行使できるよう、独立行政法人等の関係機関の調査・検査・試験等の規定に関して所要の措置をとる。また、必要な場合、関係機関の設置根拠法の見直しを含めた検討を行う。

(v) これらの法律等と並んで、消費者庁は、法律に基づく緊急時の物価対策や公共

料金(個別公共料金や公共料金制度改革)など物価に関する基本的な政策を所管する。物価の安定は、消費者の利益の擁護及び増進のために不可欠な条件であり、消費者をとりまく状況を踏まえ、機動的に対応することが必要である。また、緊急時の物価対策は、「取引」に関する行為規制の一つである。こうしたことから、これらの物価関係法令を消費者庁が所管することで、より効果的な対応が可能になる。

(vi) また、消費者や生活者が主役となる社会を構築していく上では、個人としての権利が尊重され、市民が自由に行う社会貢献活動を促進する環境の整備等が必要であり、こうした制度に関わる重要な法律を幅広く所管することも必要である。

(vii) 個別作用法の移管(一部移管を含む)や共管に伴い、当該法律及びそれに関連する事務・事業の企画立案、執行等(間接部門を含む)に必要な組織、定員、予算を消費者庁に移し替える(別紙10)。

(viii) さらに、本消費者行政推進会議としては、別紙8に掲げる法律以外についても、今後、消費者庁による何らかの関与を幅広く検討すべきものと考える(別紙11はその対象となる法律の例)。また、その取組を定期的にチェックすることが必要である。

５．消費者庁の体制の在り方

（１）内部組織の在り方

　消費者庁には、消費者行政の企画を担当する部門、消費者行政の執行を担当する部門、情報の収集、調査、発信を担当する部門が必要と考えられる（別紙１２参照）。

　企画部門は、各省庁の消費者政策の総合調整（食品安全を含む）、すき間事案への対応や横断的な規制体系の整備のための新法、消費者被害の救済のための新法、民事ルールを扱う法律、消費者基本法に基づく基本計画等の企画立案を行うとともに、各省庁の法執行への勧告等を担う。

　執行部門は、「表示」、「取引」、「安全」の各分野における個別作用法に係る調査・から執行までを一元的に担うとともに、物価政策、市民活動の促進を担当する。

　また、緊急時の司令塔機能、８条機関（審議会等）（後記参照）の事務局機能及び消費生活センター等から寄せられる情報の集約、分析と情報発信、国際的な連携や消費者教育・啓発に係る支援、国民生活センターの監督等の機能を担う部門を構築する必要がある。

（２）消費者政策委員会（仮称）の設置

　「消費者庁の運営に消費者の意見が直接届くような仕組み」として、有識者からなる８条機関（審議会等）である消費者政策委員会（仮称）（以下単に「消費者政策委員会」という）を設置する。同委員会は、消費者政策の企画立案（基本計画や新法等）や消費者庁を含めた関係省庁の政策の評価・監視に関するものとともに、消費者庁が行う行政処分等のうち重要なものに関して、諮問への答申、意見具申を行う。このため、消費者政策委員会の下に専門調査会等の下部機関を置く。特に、行政処分等を担当する下部機関は常時、機動的に対応できる体制が求められる。また、消費者と直接接点を持つ地方自治体の意見を政策に反映する仕組みを構築し、消費者の意見を政策に活かすことが重要である。

　この消費者政策委員会の事務局は消費者庁が担当する。消費者庁は、収集した情報、分析結果等を迅速に報告すること等により、消費者政策委員会をサポートする。

（3）消費者庁の規模

　総合調整、勧告など新たに設けられる機能に対応した体制を整備することで、「消費者を主役とする政府の舵取り役」を担うに相応しい規模とする。その際、法律の移管・共管や情報集約分析・司令塔機能等の整備に伴い、所要の機構、定員、予算を各府省庁から移し替える。

　なお、食品安全委員会については、どこに設置するのが適当か政府を中心に引き続き検討を行うこととするが、いずれにせよ、食品健康影響評価（リスク評価）やリスクコミュニケーションの在り方を中心に改革を進める必要がある。その際、リスク評価の科学的客観性を担保しつつ、消費者とのリスクコミュニケーション等に関しては、消費者行政との連携を強める仕組みを整備する。特に、食品の安全に関する緊急事態が発生する際には、食品安全に関する総合調整を担う消費者行政担当大臣の判断で緊急対策本部を機動的に設置できるようにする等の対応が必要である。

巻末資料

6．消費者庁創設に向けたスケジュール
〜来年度から消費者庁を発足〜

　来年度から消費者庁を発足させることとし、早急に必要な法律案、予算、機構・定員の要求等の準備を進める。また、消費者庁の円滑な発足のため、所要の体制整備を行い、内閣府において消費者庁の司令塔機能を先行実施するとともに、一元的窓口の構築に向けた取組を行うなど、今年度中に前倒しして実施できることは、早急に着手すべきである。

　今後の作業を円滑に進めるため、本取りまとめの内容を基本として、直ちに、政府の「基本計画」として閣議決定を行うべきである。その上で、基本計画に沿って、設置法、消費生活センターの法的位置づけ等を規定する新法、各個別作用法の改正法等の関連法案を早期に国会に提出する必要がある。

　なお、本取りまとめ内容の実施状況を監視し、必要な場合、提言等を行うため、今後とも、本消費者行政推進会議を必要に応じ開催することが必要であると考える。

以上

(別紙1)

冷凍餃子中毒事件の消費者行動への影響

1月末に冷凍餃子による中毒事件の発生後、消費者が、餃子や冷凍調理食品を買い控える傾向が4月に入っても続いている。

<家計消費支出(前年同期比)>

	ぎょうざ(冷凍は別)	冷凍調理食品
2月	40.7%減	30.0%減
3月	29.1%減	27.0%減
4月	32.1%減	26.9%減

(備考) 総務省「家計調査」二人以上世帯

中国産冷凍ぎょうざが原因と疑われる健康被害者の発生が消費者の購入行動に影響したとみられる主な品目の動き

1 ぎょうざの支出金額の推移

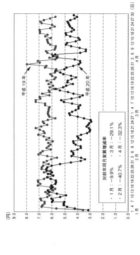

2 冷凍調理食品の支出金額の推移

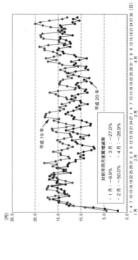

(注) 1. 1の「ぎょうざ」とは、焼きぎょうざ、蒸しぎょうざ、水ぎょうざ、揚げぎょうざの合計。生も包む。ただし、冷凍品は「冷凍調理食品」に含まれている。
2. 支出金額は、3日移動平均である。

巻末資料

(別紙2)

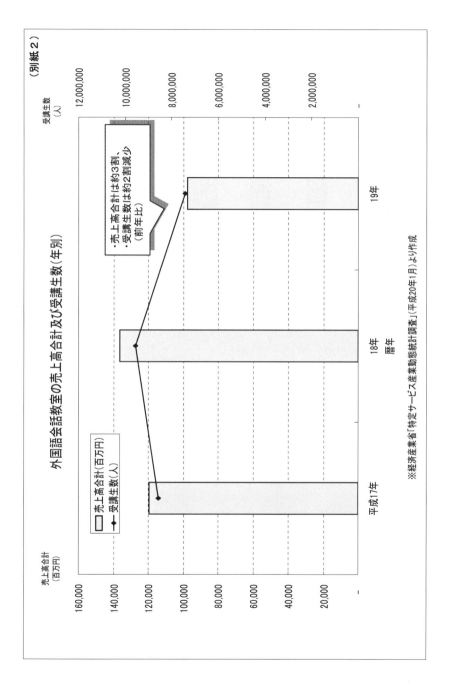

外国語会話教室の売上高合計及び受講生数(年別)

※経済産業省「特定サービス産業動態統計調査」(平成20年1月)より作成

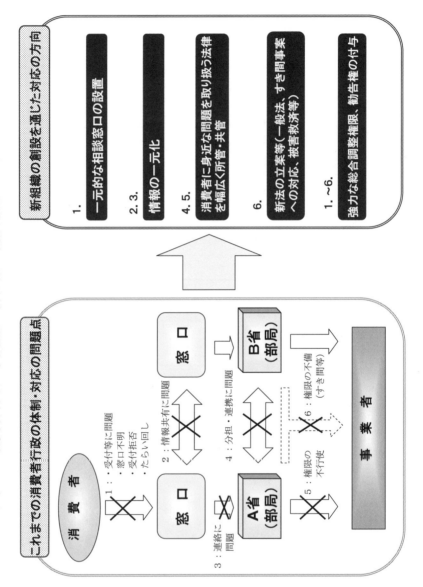

(別紙４)

主な消費者問題と対応の方向

主な事件のあらまし	対応の方向
【中国産冷凍ギョウザ事件】 ○中国から輸入された冷凍ギョウザを摂食した者が有機リン中毒を発症した事例 <問題点> ・医師から保健所への届出が適切に行われなかったこと ・保健所から地方公共団体、地方公共団体から厚生労働省への連絡が適切に行われなかったこと	① 一元的な情報集約、危険情報の早期発信のシステム作り ② 事業者からの報告、公表制度の整備 ③ 行政の早急な対応を可能にする仕組み作り（法整備を含め）
【こんにゃく入りゼリー事故】 ○一口サイズのいわゆる「ミニカップ」に入ったこんにゃく入りゼリーにより誤飲事故を引き起こした事例 <問題点> ・食品衛生法の食品への適用は化学的生物的に問題あるものに限定されており、他方、物理的に問題のある製品を対象としている消費生活用製品安全法は食品を対象にしていない。結果、物理的に問題のある食品であるこんにゃく入りゼリーについて、両法のすき間で適切な規制がなされていないこと	① 危険情報の早期発信のシステム作り ② 事業者からの報告、公表制度の整備 ③ すき間をなくすための法整備
【おもちゃ事故】 ○中国製のおもちゃにつき、米国の基準値を超える鉛が含まれていたとして、輸入業者により自主回収が行われた事例（具体的な被害については不明） <問題点> ・食品衛生法の対象となるおもちゃの種類が限られていたこと。また、一部の塗料を除き、塗装について食品衛生法の規格が設定されていないこと ・おもちゃについては、関係法及び所管省庁が多岐にわたっており（食品衛生法（厚生労働省）、有害物質含有家庭用品規制法（厚生労働省）、消費生活用製品安全法（経済産業省）、分かり難いとの指摘がある	① 危険情報の早期発信のシステム作り ② 事業者からの報告、公表制度の整備 ③ すき間がありかつ複雑な法律の是正
【ガス機器—酸化炭素中毒事故】 ○ガス瞬間湯沸かし器につき、安全装置の不正改造等を原因とする一酸化炭素中毒事故が複数発生したが、長期	① 事業者の報告義務の強化・徹底 ② 一元的な情報集約のシステム作り

巻末資料

169

間にわたり適切な対応がなされなかった事例 <問題点> ・事業者からの報告聴取が十分に行われていなかったこと ・所管省庁内で事故等に関する情報が共有されていなかったこと ・原因究明が十分に行われなかったこと	③ 事業者からの報告、公表制度の整備 ④ 早急な原因究明を確実に行うシステム作り ⑤ 消費者等が行政をチェックする仕組み作り
【プール事故】 ○児童がプールの排水口に引き込まれて死亡した事故。約40年間に60名近い者が同種の事故で死亡 <問題点> ・関係省庁が国土交通省（都市公園施設の管理）、文部科学省（学校施設の管理）、厚生労働省（プールの水質）などにまたがっており、第一義的に責任を持つ組織が存在しないこと ・プールの安全確保に関する統一的な基準が整備されていなかったこと。特に、民営プールに対しては強制力のある基準が存在しないこと ・民間に管理を委託した地方公共団体の責任に対する認識が十分でなかったこと	① すき間をなくすための法整備 ② 一元的な情報集約、危険情報の早期発信のシステム作り ③ 事業者からの報告、公表制度の整備 ④ 行政が民間委託を行う際の適切な監督等の実施
【NOVA事件】 ○英会話教室である同社の解約時の清算方法については、消費者から苦情・相談が多く寄せられていたところ、所管省庁が事務連絡において合理性を認めた結果、最高裁で同社の敗訴が確定し、方針を変更するに至るまで、多数の被害者が発生した事件 <問題点> ・行政が、方針転換をなかなか行えなかったこと	① 一元的な情報集約、被害情報の早期発信のシステム作り ② 被害の拡大を防ぐため、行政の早急な対応を可能にする仕組み作り（法整備を含め） ③ 消費者等が行政をチェックする仕組み作り ④ 不公正取引に関する申出制度の整備
【悪質住宅リフォーム問題】 ○住宅リフォームについて、十分な判断ができない消費者等を対象に、不要な工事を実施した上で、高額な工事	① 一元的な情報集約、被害情報の早期発信のシステム作り

代金を支払わせる事例や、一人の消費者に次から次へと契約させる事例等が発生している問題
<問題点>
・工事費用が比較的低いリフォーム工事は、建設業許可を要しない場合が多く、無許可業者への監督権限が十分でないこと
・無許可業者に対する指導・監督の実績が少なく、運用が適切になされていないこと

② すき間をなくすための法整備
③ 適切な法執行の徹底
④ 不公正取引に関する申出制度の整備

【和牛預託商法問題】
○和牛預託商法とは、和牛の飼育から得られた利益を配当するとして、和牛の持分権を購入させる商法。オーナーは所有する和牛を実際に目にする必要がないことから、飼育の実態を伴わない詐欺的な取引が行われるようになり、多数の契約者が被害にあった問題。その後、1997年に規制対象となった後も、飼育の実態を伴わない経営を続けていた一部業者に対する監督が適切に行われず、処分に時間がかかった
<問題点>
・こうしたスキームに対する業法が存在しなかったこと
・行政の対応が必ずしも迅速とはいえなかったこと

① 消費者等が行政をチェックする仕組みづくり
② 取締機関との連携
③ 不公正取引に関する規制（業法による規制については、特定商品預託法施行令の改正により手当て済み）

【L&G（円天）事件】
○「円天」と呼ばれる電子マネー形式の擬似通貨や高額配当と引き換えに、協力金名目の出資金を集めるという一種のマルチ商法（ねずみ講）による詐欺事件。2007年に出資法違反容疑で強制捜査を受け、その後破たん
<問題点>
・こうしたスキームに対する業法が存在せず、調査等に時間のかかる出資法で摘発せざるを得なかったこと

① 取締機関との連携
② 不公正取引に関する規制（業法による規制については、当該商法は、金融商品取引法の制定により手当て済み）

(別紙５)

一元的窓口と新組織との関係

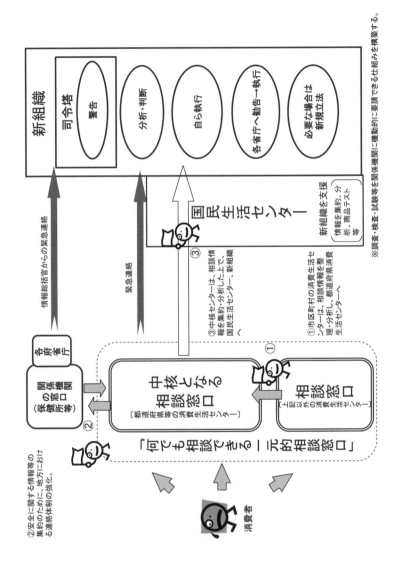

(別紙6)

都道府県等の消費者行政の現状

1. 消費者行政関係予算・職員数
   　厳しい財政事情を反映して消費者行政関係予算並びに、全体の職員数は減少傾向にある。

(1) 消費者行政関係予算の推移　　　　　　　　　　　　　　　（単位：百万円）

区分 年度	都道府県	政令指定都市	その他の 市町村	合　計 (うち都道府県・政令指定都市の予算 における「消費生活共同組合助成費」)
10	9,971	1,714	4,693	16,379 (2,946)
14	7,962	1,709	5,327	14,999 (1,295)
18	5,158	1,644	4,803	11,605 (501)
19	4,606	1,403	4,820	10,830 (317)

(注) 1.「その他の市町村」には、東京都の特別区を含む。
　　 2. 平成19年度は当初予算額

(参考) 平成16年度まで、内閣府(旧経済企画庁)から地方消費者行政の推進費等の生活情報体制整備等交付金(昭和60年度創設。平成10年度交付額：343百万円、平成14年度交付額：745百万円)が交付されていたが、平成17年度に廃止となった。

(2) 消費者行政担当職員数(都道府県及び市区町村)の推移　　（単位：人）

年度	事務職員	消費生活相談員	商品テスト職員	合　計
10	10,172	2,383	213	12,768
14	10,397	3,081	186	13,664
18	7,113	3,732	112	10,957
19	6,572	3,539	101	10,212

(注) 各年度とも4月1日現在で、「消費者行政本課」及び「消費生活センター」に配属されている職員数(他業務との兼務職員等を含む)。

2. 消費生活センターの設置状況
   　消費生活センターは、人口規模の比較的大きい市を中心として整備が進んでいる。

(消費生活センター設置数の経年推移)

年度	都道府県立	市町村立				合計
		政令指定都市	その他の市区	町	計	
10	161	14	224	8	246	407
17	165	20	326	13	359	524
18	152	22	342	15	379	531
19	148	24	350	16	390	538

(注) 各年度とも4月1日現在。ここでは、便宜上、相談業務を週4日以上行っているものを「消費生活センター」として計上している。

(別紙7)

新組織の形態に関する論点整理

		内閣府に置く独立官庁型〈消費者庁〉	行政委員会型
原則1	消費者にとって便利で分かりやすい	○一元的窓口や、情報収集、発信の一元化を行うのにふさわしい組織	○同左
原則2	消費者がメリットを十分実感できる		
	対象分野（経済取引、安全、表示等）	○消費者問題全般（経済取引、安全、表示等）をカバーすることができる	○同左（公正取引委員会型では、取引分野のみ対象）
	基本政策の企画・立案	○消費者基本法など基本政策を担当	○消費者基本法など基本政策の企画・立案を担当する
	総合調整	○各省施策の総合調整が可能	○総合調整権限を持つことは困難
	勧告	○担当大臣が、各省大臣へ勧告可能	○一般に、各省大臣への勧告権限はない
原則3	迅速な対応（緊急時の司令塔）	○担当大臣、長官の明確な責任体制 ○緊急時に迅速に対応	○合議制組織であり、責任の明確や迅速性に課題がある
原則4	専門性の確保	○民間採用や他省庁からの人材活用など、消費者行政に関する幅広い専門性の確保・育成がより可能	○左に加え、独立性が強いことから、科学的知見に基づく客観的評価がより可能
原則5	透明性の確保	○「消費者政策委員会」的なものの活用により、消費者の意見を反映可能	○委員会に消費者委員を入れれば、消費者の意見を反映しやすい
原則6	効率性の確保	○新たに大規模な執行組織を作るのは、非現実的、組織肥大化の批判 ○執行業務の多くについて、地方自治体への権限委譲、委任や、他省庁の出先への委任 → 地方分権との両立 ○最低限の自前の執行組織は必要 → 国民生活センターの活用等も検討	○同左

巻末資料

(別紙8)

個別作用法の所管の内容の概要

「表示」に関する法律

景品表示法 ⇒ 消費者庁へ移管

JAS法 ⇒ 表示基準の企画立案、執行を消費者庁へ移管
* 表示基準策定・改正に当たり、農林水産省にあらかじめ協議・同意。
* 農林水産省は、案を備えて表示基準の策定・改正を要請可。
* 法執行の一部につき、農林水産大臣に委任

食品衛生法 ⇒ 表示基準の企画立案、執行を消費者庁へ移管
* 表示基準策定・改正に当たり、厚生労働省にあらかじめ協議。
* 厚生労働省は、表示基準の策定改正を要請可。

健康増進法 ⇒ 表示基準の企画立案、執行を消費者庁へ移管
* 表示基準策定・改正に当たり、厚生労働省に協議。

家庭用品品質表示法 ⇒ 表示の標準の企画立案、執行を消費者庁へ移管
* 表示の標準策定に当たり、経済産業省にあらかじめ協議。
* 経済産業省は、案を備えて表示の標準の策定・改正を要請可。
* 法の執行の一部につき、経済産業省に委任

住宅品質確保法 ⇒ 表示等の企画立案、表示基準の策定は共管。執行は国土交通省が行うが、消費者庁が勧告。
（注）住宅性能表示は任意制度であるなど他の表示と異なる点がある。

「取引」に関する法律

消費者契約法 **無限連鎖講防止法** **特定商品預託法** ⇒ 消費者庁へ移管

電子消費者契約法 ⇒ 内閣府所管部分について消費者庁へ移管

特定商取引法 ⇒ 消費者保護に係る企画立案、執行を消費者庁へ移管。消費者庁がこの法律に係る執行を一元的に行う。経済産業省は、商一般等の立場から連携

| 特定電子メール法 | ⇒　消費者保護の観点からの企画立案、措置命令等を消費者庁へ一部移管（共管）

| 金融商品販売法 | 出資法 | ⇒　消費者庁が所管に加わる。

| 貸金業法 | 割賦販売法 | 宅地建物取引業法 | 旅行業法 |
　⇒　企画立案は共管。登録・免許、検査、処分は各省庁（金融庁、経済産業省、国土交通省）が行うが、消費者庁は処分について勧告権を持ち、そのための検査権限を持つ。また、処分について事前協議を受ける。

「安全」に関する法律

| 製造物責任法 | ⇒　消費者庁へ移管

| 食品安全基本法 | ⇒　消費者庁へ移管。ただし、食品安全委員会の設置等に関する規定の所管については、引き続き検討。

| 消費生活用製品安全法 | ⇒　重大事故情報報告・公表制度を消費者庁へ移管。安全基準の策定に当たり協議を受ける。

| 食品衛生法（再掲） | 有害物質含有家庭用品規制法 |
　　　　　　　　⇒　安全基準の策定に当たり協議を受ける。

消費者や生活者が主役となる社会の構築、物価行政に関する法律

| 消費者基本法 | 国民生活センター法 | 個人情報保護法 | 公益通報者保護法 |
| 特定非営利活動促進法 | 国民生活安定緊急措置法 | 買占め及び売惜しみ防止法 | 物価統制令 | ⇒　消費者庁へ移管

（注）詳細については、引き続き検討を進めていくべきである。

（以下略）

巻末資料

(別紙9)

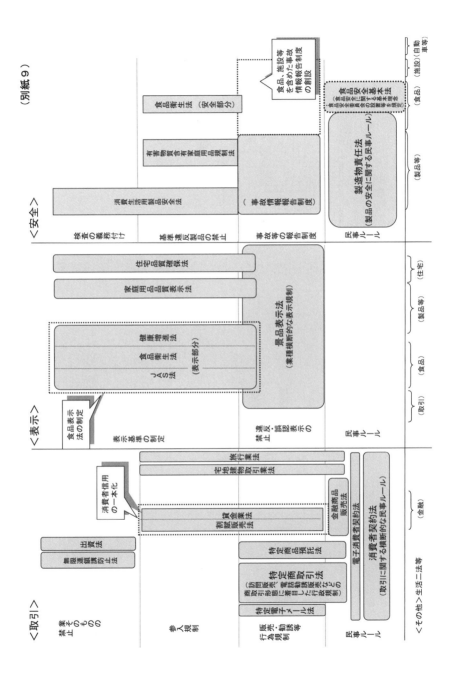

177

(別紙10)

主な消費者関連法担当部局

＊主に、第3及び第4回消費者行政推進会議ワーキング・グループにおいてヒアリングを行った法律を説明した府省庁の担当部局及び人員配置について掲載。
＊人数については、他法律の業務を兼務している者を含む。

公正取引委員会

- 公正取引委員会
- 事務総局
  - 経済取引局
    - 取引部
      - 取引企画課
      - 企業取引課
      - 消費者取引課【景品表示法 14人】
    - 他3課
  - 官房
  - 地方事務所・支所【景品表示法 29人】
    - 上席景品表示調査官
    - 景品表示監理官【景品表示法 29人】

総務省

- 総務省
  - 総務省
    - ○○局
    - ○○局
    - 電気通信事業部
    - 総合通信基盤局
      - 消費者行政課【特定電子メール送信法 3人】
    - 他5課
  - 他5部 及び 総務課
  ※ 他の法律と兼務

- 内閣府本府
  - 国民生活局 72人
    - 総務課
      - ○○局 等
      - 国民生活情報課【国民生活センター法 4人】
      - 調査課
    - 企画課
      - 個人情報保護課【個人情報保護法 6人】
    - 消費者企画課【公益通報者保護法 3人】
    - 消費者調整課【消費者基本法、消費者契約法 6人】
    - 消費者安全課【消費者団体訴訟制度 5人】
      - 市民活動促進課

食品安全委員会 7名
食品安全委員会事務局 59人
【食品安全基本法 59人】
※ 食品安全委員会は、食品安全基本法に基づき設置されているため、その職員は全て同法に基づく業務に従事している。

(独)国民生活センター
【独立行政法人】
(独)国民生活センター

金融庁

- 金融庁
  - 監督局
    - 証券取引等監視委員会
      - 総務課
        - 【投信法、金融先物取引法、特定商品預託等取引法 34人】
        - 協同組織金融室
          - 【農林中央金庫法等に基づく貸金業法等の関係業務 7人】
        - 協同組織金融室
          - 【貸金業の規制等に関する法律 15人】
        - 銀行第一課
        - 銀行第二課
        - 証券課
          - 【金商法、投信法等の金融商品関係法令 3人】
      - 総務企画局
        - 検査局
        - 【団体等保険の企画立案、業務に応じた監督を実施】
        - 市場課
          - 金融商品取引法等に基づく金融商品市場等企画立案、市場の監督業務等 60人
        - 信用課
          - 【貸金業の規制等に関する法律、出資の受入れ・預り金及び金利等の取締り法 34人】
        - 保険課
          - 【保険業法の企画立案 15人】
          - 【保険会社等の保険業法に基づく監督の実施業務 14人】
        - 【金商法、投信法等の金融商品関連法に基づく監督業務 3人】
      - 証券課
        - 【金商法、投信法等の金融商品関連業務 21人】

※1 金融庁・財務局において担当部を分けていないものは、他の法律を担当している者の数を含む。
※2 他府省庁において担当部・保険業法・貸金業法を所管している者が下での他の業務を含む。

警察庁

- 警察庁
  - 生活安全局
    - ○○局 等
    - 生活経済課
      - 生活経済対策室【27人】
        - 無限連鎖講の防止法、特定商品預託等取引契約、出資の受入れ・預り金及び金利等の取締り法に基づく取締りに関する指導・調整業務等
    - 他4課

巻末資料

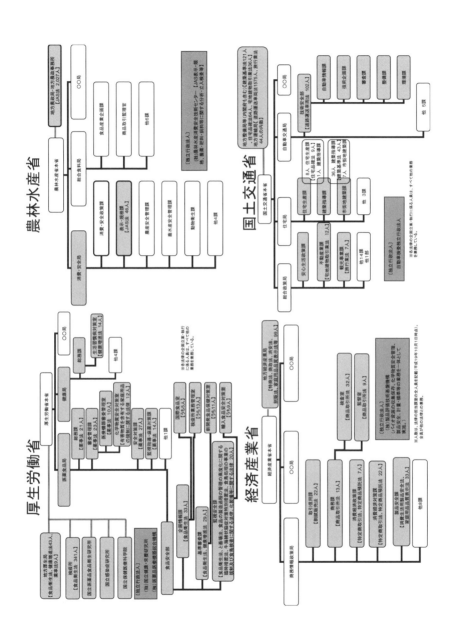

179

(別紙11) 消費者庁による関与について検討を行うべき法律の例

警察庁	金融庁	総務省	法務省
・警備業法	・金融商品取引法 ・保険業法 ・プリペイドカード法 ・振り込め詐欺救済法 ・偽造・盗難カード預貯金者保護法	・電気通信事業法 ・プロバイダ責任制限法 ・携帯電話不正利用防止法	・総合法律支援法 ・裁判外紛争解決手続促進法 ・組織的な犯罪処罰法 ・被害回復給付金支援法 ・利息制限法 ・借地借家法
環境省			
・温泉法 ・ペットフード規制法			

農林水産省	経済産業省	国土交通省
・流通食品毒物混入防止法 ・牛トレーサビリティ法 ・肥料取締法 ・飼料安全法	・商品取引所法 ・ガス事業法 ・電気用品安全法 ・液化石油ガス保安法 ・海外商品先物取引法 ・商品ファンド法 ・ゴルフ会員契約適正化法 ・不正競争防止法 ・計量法 ・工業標準化法 ・化審法	・住生活基本法 ・建築基準法 ・道路運送車両法 ・不動産特定共同事業法 ・建設業法 ・道路運送法 ・履行確保法

厚生労働省
・薬事法 ・医療法 ・消費生活協同組合法 ・クリーニング業法

巻末資料

(別紙12)

消費者庁(仮称)の組織のイメージ

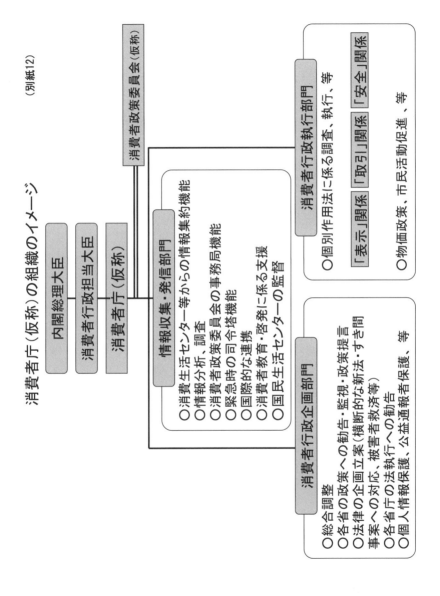

内閣総理大臣
消費者行政担当大臣
消費者庁(仮称)

消費者政策委員会(仮称)

情報収集・発信部門
○消費生活センター等からの情報集約機能
○情報分析、調査
○消費者政策委員会の事務局機能
○緊急時の司令塔機能
○国際的な連携
○消費者教育・啓発に係る支援
○国民生活センターの監督

消費者行政企画部門
○総合調整
○各省の政策への勧告・監視・政策提言
○法律の企画立案(横断的な新法・すき間事案への対応、被害者救済等)
○各省庁の法執行への勧告
○個人情報保護、公益通報者保護、等

消費者行政執行部門
○個別作用法に係る調査、執行、等
「表示」関係 「取引」関係 「安全」関係
○物価政策、市民活動促進、等

181

消費者安全法（平成 21 年 6 月 5 日法律第 50 号・第 171 回国会で成立した制定当初のもの）

目次
　第一章　総則（第一条－第五条）
　第二章　基本方針（第六条・第七条）
　第三章　消費生活相談等
　　第一節　消費生活相談等の事務の実施（第八条・第九条）
　　第二節　消費生活センターの設置等（第十条・第十一条）
　第四章　消費者事故等に関する情報の集約等（第十二条－第十四条）
　第五章　消費者被害の発生又は拡大の防止のための措置（第十五条－第二十二条）
　第六章　雑則（第二十三条－第二十六条）
　第七章　罰則（第二十七条－第三十条）
　附則

　　第一章　総則
（目的）
第一条　この法律は、消費者の消費生活における被害を防止し、その安全を確保するため、内閣総理大臣による基本方針の策定について定めるとともに、都道府県及び市町村による消費生活相談等の事務の実施及び消費生活センターの設置、消費者事故等に関する情報の集約等、消費者被害の発生又は拡大の防止のための措置その他の措置を講ずることにより、関係法律による措置と相まって、消費者が安心して安全で豊かな消費生活を営むことができる社会の実現に寄与することを目的とする。
（定義）
第二条　この法律において「消費者」とは、個人（商業、工業、金融業その他の事業を行う場合におけるものを除く。）をいう。
２　この法律において「事業者」とは、商業、工業、金融業その他の事業を行う者（個人にあっては、当該事業を行う場合におけるものに限る。）をいう。
３　この法律において「消費者安全の確保」とは、消費者の消費生活における被害を防止し、その安全を確保することをいう。
４　この法律において「消費安全性」とは、商品等（事業者がその事業として供給する商品若しくは製品又は事業者がその事業のために提供し、利用に供し、若しくは事業者がその事業として若しくはその事業のために提供する役務に使用する物品、施設若しくは工作物をいう。以下同じ。）又は役務（事業者がその事業として又は

その事業のために提供するものに限る。以下同じ。）の特性、それらの通常予見される使用（飲食を含む。）又は利用（以下「使用等」という。）の形態その他の商品等又は役務に係る事情を考慮して、それらの消費者による使用等が行われる時においてそれらの通常有すべき安全性をいう。

5 この法律において「消費者事故等」とは、次に掲げる事故又は事態をいう。
一 事業者がその事業として供給する商品若しくは製品、事業者がその事業のために提供し若しくは利用に供する物品、施設若しくは工作物又は事業者がその事業として若しくはその事業のために提供する役務の消費者による使用等に伴い生じた事故であって、消費者の生命又は身体について政令で定める程度の被害が発生したもの（その事故に係る商品等又は役務が消費安全性を欠くことにより生じたものでないことが明らかであるものを除く。）
二 消費安全性を欠く商品等又は役務の消費者による使用等が行われた事態であって、前号に掲げる事故が発生するおそれがあるものとして政令で定める要件に該当するもの
三 前二号に掲げるもののほか、虚偽の又は誇大な広告その他の消費者の利益を不当に害し、又は消費者の自主的かつ合理的な選択を阻害するおそれがある行為であって政令で定めるものが事業者により行われた事態

6 この法律において「重大事故等」とは、次に掲げる事故又は事態をいう。
一 前項第一号に掲げる事故のうち、その被害が重大であるものとして政令で定める要件に該当するもの
二 前項第二号に掲げる事態のうち、前号に掲げる事故を発生させるおそれがあるものとして政令で定める要件に該当するもの

（基本理念）
第三条 消費者安全の確保に関する施策の推進は、専門的知見に基づき必要とされる措置の迅速かつ効率的な実施により、消費者事故等の発生及び消費者事故等による被害の拡大を防止することを旨として、行われなければならない。

2 消費者安全の確保に関する施策の推進は、事業者による適正な事業活動の確保に配慮しつつ、消費者の需要の高度化及び多様化その他の社会経済情勢の変化に適確に対応し、消費者の利便の増進に寄与することを旨として、行われなければならない。

3 消費者安全の確保に関する施策の推進は、国及び地方公共団体の緊密な連携の下、地方公共団体の自主性及び自立性が十分に発揮されるように行われなければならない。

（国及び地方公共団体の責務）
第四条 国及び地方公共団体は、前条に定める基本理念（以下この条において「基本

理念」という。）にのっとり、消費者安全の確保に関する施策を総合的に策定し、及び実施する責務を有する。
2　国及び地方公共団体は、消費者安全の確保に関する施策の推進に当たっては、基本理念にのっとり、消費生活について専門的な知識及び経験を有する者の能力を活用するよう努めなければならない。
3　国及び地方公共団体は、消費者安全の確保に関する施策の推進に当たっては、基本理念にのっとり、消費者事故等に関する情報の開示、消費者の意見を反映させるために必要な措置その他の措置を講ずることにより、その過程の透明性を確保するよう努めなければならない。
4　国及び地方公共団体は、消費者安全の確保に関する施策の推進に当たっては、基本理念にのっとり、施策効果（当該施策に基づき実施し、又は実施しようとしている行政上の一連の行為が消費者の消費生活、社会経済及び行政運営に及ぼし、又は及ぼすことが見込まれる影響をいう。第六条第二項第四号において同じ。）の把握及びこれを基礎とする評価を行った上で、適時に、かつ、適切な方法により検討を加え、その結果に基づいて必要な措置を講ずるよう努めなければならない。
5　国及び地方公共団体は、消費者安全の確保に関する施策の推進に当たっては、基本理念にのっとり、独立行政法人国民生活センター（以下「国民生活センター」という。）、第十条第三項に規定する消費生活センター、都道府県警察、消防機関（消防組織法（昭和二十二年法律第二百二十六号）第九条各号に掲げる機関をいう。）、保健所、病院、消費者団体その他の関係者の間の緊密な連携が図られるよう配慮しなければならない。
6　国及び地方公共団体は、啓発活動、広報活動、消費生活に関する教育活動その他の活動を通じて、消費者安全の確保に関し、国民の理解を深め、かつ、その協力を得るよう努めなければならない。
（事業者等の努力）
第五条　事業者及びその団体は、消費者安全の確保に自ら努めるとともに、国及び地方公共団体が実施する消費者安全の確保に関する施策に協力するよう努めなければならない。
2　消費者は、安心して安全で豊かな消費生活を営む上で自らが自主的かつ合理的に行動することが重要であることにかんがみ、事業者が供給し、及び提供する商品及び製品並びに役務の品質又は性能、事業者と締結すべき契約の内容その他の消費生活にかかわる事項に関して、必要な知識を修得し、及び必要な情報を収集するよう努めなければならない。

　　第二章　基本方針

（基本方針の策定）
第六条　内閣総理大臣は、消費者安全の確保に関する基本的な方針（以下「基本方針」という。）を定めなければならない。
2　基本方針においては、次に掲げる事項を定めるものとする。
　一　消費者安全の確保の意義に関する事項
　二　消費者安全の確保に関する施策に関する基本的事項
　三　他の法律（これに基づく命令を含む。以下同じ。）の規定に基づく消費者安全の確保に関する措置の実施についての関係行政機関との連携に関する基本的事項
　四　消費者安全の確保に関する施策の施策効果の把握及びこれを基礎とする評価に関する基本的事項
　五　前各号に掲げるもののほか、消費者安全の確保に関する重要事項
3　基本方針は、消費者基本法（昭和四十三年法律第七十八号）第九条第一項に規定する消費者基本計画との調和が保たれたものでなければならない。
4　内閣総理大臣は、基本方針を定めようとするときは、あらかじめ、消費者その他の関係者の意見を反映させるために必要な措置を講ずるとともに、関係行政機関の長に協議し、及び消費者委員会の意見を聴かなければならない。
5　内閣総理大臣は、基本方針を定めたときは、遅滞なく、これを公表しなければならない。
6　前二項の規定は、基本方針の変更について準用する。
（都道府県知事による提案）
第七条　都道府県知事は、消費者安全の確保に関する施策の推進に関して、内閣総理大臣に対し、次条第一項各号に掲げる事務の実施を通じて得られた知見に基づき、基本方針の変更についての提案（以下この条において「変更提案」という。）をすることができる。この場合においては、当該変更提案に係る基本方針の変更の案を添えなければならない。
2　内閣総理大臣は、変更提案がされた場合において、消費者委員会の意見を聴いて、当該変更提案を踏まえた基本方針の変更（変更提案に係る基本方針の変更の案の内容の全部又は一部を実現することとなる基本方針の変更をいう。次項において同じ。）をする必要があると認めるときは、遅滞なく、基本方針の変更をしなければならない。
3　内閣総理大臣は、変更提案がされた場合において、消費者委員会の意見を聴いて、当該変更提案を踏まえた基本方針の変更をする必要がないと認めるときは、遅滞なく、その旨及びその理由を当該変更提案をした都道府県知事に通知しなければならない。

第三章　消費生活相談等
　　第一節　消費生活相談等の事務の実施
（都道府県及び市町村による消費生活相談等の事務の実施）
第八条　都道府県は、次に掲げる事務を行うものとする。
　一　次項各号に掲げる市町村の事務の実施に関し、市町村相互間の連絡調整及び市町村に対する技術的援助を行うこと。
　二　消費者安全の確保に関し、主として次に掲げる事務を行うこと。
　　イ　事業者に対する消費者からの苦情に係る相談のうち、その対応に各市町村の区域を超えた広域的な見地を必要とするものに応じること。
　　ロ　事業者に対する消費者からの苦情の処理のためのあっせんのうち、その実施に各市町村の区域を超えた広域的な見地を必要とするものを行うこと。
　　ハ　消費者事故等の状況及び動向を把握するために必要な調査又は分析であって、専門的な知識及び技術を必要とするものを行うこと。
　　ニ　各市町村の区域を超えた広域的な見地から、消費者安全の確保のために必要な情報を収集し、及び住民に対し提供すること。
　三　市町村との間で消費者事故等の発生に関する情報を交換すること。
　四　前三号に掲げる事務に附帯する事務を行うこと。
2　市町村は、次に掲げる事務を行うものとする。
　一　消費者安全の確保に関し、事業者に対する消費者からの苦情に係る相談に応じること。
　二　消費者安全の確保に関し、事業者に対する消費者からの苦情の処理のためのあっせんを行うこと。
　三　消費者安全の確保のために必要な情報を収集し、及び住民に対し提供すること。
　四　都道府県との間で消費者事故等の発生に関する情報を交換すること。
　五　前各号に掲げる事務に附帯する事務を行うこと。
（国及び国民生活センターの援助）
第九条　国及び国民生活センターは、都道府県及び市町村に対し、前条第一項各号及び第二項各号に掲げる事務の実施に関し、情報の提供その他の必要な援助を行うものとする。

　　第二節　消費生活センターの設置等
（消費生活センターの設置）
第十条　都道府県は、第八条第一項各号に掲げる事務を行うため、次に掲げる要件に該当する施設又は機関を設置しなければならない。
　一　第八条第一項第二号イの相談について専門的な知識及び経験を有する者を同号

イ及びロに掲げる事務に従事させるものであること。
　二　第八条第一項各号に掲げる事務の効率的な実施のために適切な電子情報処理組織その他の設備を備えているものであること。
　三　その他第八条第一項各号に掲げる事務を適切に行うために必要なものとして政令で定める基準に適合するものであること。
２　市町村は、必要に応じ、第八条第二項各号に掲げる事務を行うため、次に掲げる要件に該当する施設又は機関を設置するよう努めなければならない。
　一　第八条第二項第一号の相談について専門的な知識及び経験を有する者を同号及び同項第二号に掲げる事務に従事させるものであること。
　二　第八条第二項各号に掲げる事務の効率的な実施のために適切な電子情報処理組織その他の設備を備えているものであること。
　三　その他第八条第二項各号に掲げる事務を適切に行うために必要なものとして政令で定める基準に適合するものであること。
３　都道府県知事又は市町村長は、第一項又は前項の施設又は機関（以下「消費生活センター」という。）を設置したときは、遅滞なく、その名称及び住所その他内閣府令で定める事項を公示しなければならない。
（消費生活センターの事務に従事する人材の確保等）
第十一条　都道府県及び消費生活センターを設置する市町村は、消費生活センターに配置された相談員（前条第一項第一号又は第二項第一号に規定する者をいう。以下この条において同じ。）の適切な処遇、研修の実施、専任の職員の配置及び養成その他の措置を講じ、相談員その他の消費生活センターの事務に従事する人材の確保及び資質の向上を図るよう努めるものとする。

　　第四章　消費者事故等に関する情報の集約等
（消費者事故等の発生に関する情報の通知）
第十二条　行政機関の長、都道府県知事、市町村長及び国民生活センターの長は、重大事故等が発生した旨の情報を得たときは、直ちに、内閣総理大臣に対し、内閣府令で定めるところにより、その旨及び当該重大事故等の概要その他内閣府令で定める事項を通知しなければならない。
２　行政機関の長、都道府県知事、市町村長及び国民生活センターの長は、消費者事故等（重大事故等を除く。）が発生した旨の情報を得た場合であって、当該消費者事故等の態様、当該消費者事故等に係る商品等又は役務の特性その他当該消費者事故等に関する状況に照らし、当該消費者事故等による被害が拡大し、又は当該消費者事故等と同種若しくは類似の消費者事故等が発生するおそれがあると認めるときは、内閣総理大臣に対し、内閣府令で定めるところにより、当該消費者事故等が発

生した旨及び当該消費者事故等の概要その他内閣府令で定める事項を通知するものとする。
3 　前二項の規定は、その通知をすべき者が次の各号のいずれかに該当するときは、適用しない。
　一　次のイからニまでに掲げる者であって、それぞれイからニまでに定める者に対し、他の法律の規定により、当該消費者事故等の発生について通知し、又は報告しなければならないこととされているもの
　　イ　行政機関の長　内閣総理大臣
　　ロ　都道府県知事　行政機関の長
　　ハ　市町村長　行政機関の長又は都道府県知事
　　ニ　国民生活センターの長　行政機関の長
　二　前二項の規定により内閣総理大臣に対し消費者事故等の発生に係る通知をしなければならないこととされている他の者から当該消費者事故等の発生に関する情報を得た者（前号に該当する者を除く。）
　三　前二号に掲げる者に準ずるものとして内閣府令で定める者（前二号に該当する者を除く。）
4 　第一項又は第二項の場合において、行政機関の長、都道府県知事、市町村長及び国民生活センターの長が、これらの規定による通知に代えて、内閣総理大臣及び当該通知をしなければならないこととされている者が電磁的方法（電子情報処理組織を使用する方法その他の情報通信の技術を利用する方法をいう。）を利用して同一の情報を閲覧することができる状態に置く措置であって内閣府令で定めるものを講じたときは、当該通知をしたものとみなす。
（消費者事故等に関する情報の集約及び分析等）
第十三条　内閣総理大臣は、前条第一項又は第二項の規定による通知により得た情報その他消費者事故等に関する情報が消費者安全の確保を図るため有効に活用されるよう、迅速かつ適確に、当該情報の集約及び分析を行い、その結果を取りまとめるものとする。
2 　内閣総理大臣は、前項の規定により取りまとめた結果を、関係行政機関、関係地方公共団体及び国民生活センターに提供するとともに、消費者委員会に報告するものとする。
3 　内閣総理大臣は、第一項の規定により取りまとめた結果を公表しなければならない。
4 　内閣総理大臣は、国会に対し、第一項の規定により取りまとめた結果を報告しなければならない。
（資料の提供要求等）

第十四条　内閣総理大臣は、前条第一項の規定による情報の集約及び分析並びにその結果の取りまとめを行うため必要があると認めるときは、関係行政機関の長、関係地方公共団体の長、国民生活センターの長その他の関係者に対し、資料の提供、意見の表明、消費者事故等の原因の究明のために必要な調査、分析又は検査の実施その他必要な協力を求めることができる。

2　内閣総理大臣は、消費者事故等の発生又は消費者事故等による被害の拡大の防止を図るため必要があると認めるときは、関係都道府県知事又は関係市町村長に対し、消費者事故等に関して必要な報告を求めることができる。

　　　第五章　消費者被害の発生又は拡大の防止のための措置
（消費者への注意喚起）
第十五条　内閣総理大臣は、第十二条第一項又は第二項の規定による通知を受けた場合その他消費者事故等の発生に関する情報を得た場合において、当該消費者事故等による被害の拡大又は当該消費者事故等と同種若しくは類似の消費者事故等の発生（以下「消費者被害の発生又は拡大」という。）の防止を図るため消費者の注意を喚起する必要があると認めるときは、当該消費者事故等の態様、当該消費者事故等による被害の状況その他の消費者被害の発生又は拡大の防止に資する情報を都道府県及び市町村に提供するとともに、これを公表するものとする。

2　内閣総理大臣は、前項の規定による公表をした場合においては、独立行政法人国民生活センター法（平成十四年法律第百二十三号）第四十四条第一項の規定によるほか、国民生活センターに対し、前項の消費者被害の発生又は拡大の防止に資する情報の消費者に対する提供に関し必要な措置をとることを求めることができる。

3　独立行政法人国民生活センター法第四十四条第二項の規定は、前項の場合について準用する。
（他の法律の規定に基づく措置の実施に関する要求）
第十六条　内閣総理大臣は、第十二条第一項又は第二項の規定による通知を受けた場合その他消費者事故等の発生に関する情報を得た場合において、消費者被害の発生又は拡大の防止を図るために実施し得る他の法律の規定に基づく措置があり、かつ、消費者被害の発生又は拡大の防止を図るため、当該措置が速やかに実施されることが必要であると認めるときは、当該措置の実施に関する事務を所掌する大臣に対し、当該措置の速やかな実施を求めることができる。

2　内閣総理大臣は、前項の規定により同項の措置の速やかな実施を求めたときは、同項の大臣に対し、その措置の実施状況について報告を求めることができる。
（事業者に対する勧告及び命令）
第十七条　内閣総理大臣は、商品等又は役務が消費安全性を欠くことにより重大事故

等が発生した場合（当該重大事故等による被害の拡大又は当該重大事故等とその原因を同じくする重大事故等の発生（以下「重大消費者被害の発生又は拡大」という。）の防止を図るために実施し得る他の法律の規定に基づく措置がある場合を除く。）において、重大消費者被害の発生又は拡大の防止を図るため必要があると認めるときは、当該商品等（当該商品等が消費安全性を欠く原因となった部品、製造方法その他の事項を共通にする商品等を含む。以下この項において同じ。）又は役務を供給し、提供し、又は利用に供する事業者に対し、当該商品等又は役務につき、必要な点検、修理、改造、安全な使用方法の表示、役務の提供の方法の改善その他の必要な措置をとるべき旨を勧告することができる。

2　内閣総理大臣は、前項の規定による勧告を受けた事業者が、正当な理由がなくてその勧告に係る措置をとらなかった場合において、重大消費者被害の発生又は拡大の防止を図るため特に必要があると認めるときは、当該事業者に対し、その勧告に係る措置をとるべきことを命ずることができる。

3　内閣総理大臣は、重大消費者被害の発生又は拡大の防止を図るために他の法律の規定に基づく措置が実施し得るに至ったことその他の事由により前項の命令の必要がなくなったと認めるときは、同項の規定による命令を変更し、又は取り消すものとする。

4　内閣総理大臣は、第二項の規定による命令をしようとするとき又は前項の規定による命令の変更若しくは取消しをしようとするときは、あらかじめ、消費者委員会の意見を聴かなければならない。

5　内閣総理大臣は、第二項の規定による命令をしたとき又は第三項の規定による命令の変更若しくは取消しをしたときは、その旨を公表しなければならない。

（譲渡等の禁止又は制限）

第十八条　内閣総理大臣は、商品等が消費安全性を欠くことにより重大事故等が発生し、かつ、当該重大事故等による被害が拡大し、又は当該重大事故等とその原因を同じくする重大事故等が発生する急迫した危険がある場合（重大消費者被害の発生又は拡大の防止を図るために実施し得る他の法律の規定に基づく措置がある場合を除く。）において、重大消費者被害の発生又は拡大を防止するため特に必要があると認めるときは、必要な限度において、六月以内の期間を定めて、当該商品等（当該商品等が消費安全性を欠く原因となった部品、製造方法その他の事項を共通にする商品等を含む。）を事業として又は事業のために譲渡し、引き渡し、又は役務に使用することを禁止し、又は制限することができる。

2　内閣総理大臣は、重大消費者被害の発生又は拡大の防止を図るために他の法律の規定に基づく措置が実施し得るに至ったことその他の事由により前項の禁止又は制限の必要がなくなったと認めるときは、同項の規定による禁止又は制限の全部又は

一部を解除するものとする。

3　内閣総理大臣は、第一項の規定による禁止若しくは制限をしようとするとき又は前項の規定による禁止若しくは制限の全部若しくは一部の解除をしようとするときは、あらかじめ、消費者委員会の意見を聴かなければならない。

4　第一項の規定による禁止若しくは制限又は第二項の規定による禁止若しくは制限の全部若しくは一部の解除は、内閣府令で定めるところにより、官報に告示して行う。

（回収等の命令）

第十九条　内閣総理大臣は、事業者が前条第一項の規定による禁止又は制限に違反した場合においては、当該事業者に対し、禁止又は制限に違反して譲渡し、又は引き渡した商品又は製品の回収を図ることその他当該商品等による重大消費者被害の発生又は拡大を防止するため必要な措置をとるべきことを命ずることができる。

（消費者委員会の勧告等）

第二十条　消費者委員会は、消費者、事業者、関係行政機関の長その他の者から得た情報その他の消費者事故等に関する情報を踏まえて必要があると認めるときは、内閣総理大臣に対し、消費者被害の発生又は拡大の防止に関し必要な勧告をすることができる。

2　消費者委員会は、前項の規定により勧告をしたときは、内閣総理大臣に対し、その勧告に基づき講じた措置について報告を求めることができる。

（都道府県知事による要請）

第二十一条　都道府県知事は、当該都道府県の区域内における消費者被害の発生又は拡大の防止を図るため必要があると認めるときは、内閣総理大臣に対し、消費者安全の確保に関し必要な措置の実施を要請することができる。この場合においては、当該要請に係る措置の内容及びその理由を記載した書面を添えなければならない。

2　内閣総理大臣は、前項の規定による要請（以下この条において「措置要請」という。）を受けた場合において、消費者被害の発生又は拡大の防止を図るために実施し得る他の法律の規定に基づく措置があるときは、当該措置の実施に関する事務を所掌する大臣に同項の書面を回付しなければならない。

3　前項の規定による回付を受けた大臣は、内閣総理大臣に対し、当該措置要請に係る措置の内容の全部又は一部を実現することとなる措置を実施することとするときはその旨を、当該措置要請に係る措置の内容の全部又は一部を実現することとなる措置を実施する必要がないと認めるときはその旨及びその理由を、遅滞なく、通知しなければならない。

4　内閣総理大臣は、前項の規定による通知を受けたときは、その内容を、遅滞なく、当該措置要請をした都道府県知事に通知しなければならない。

（報告、立入調査等）
第二十二条　内閣総理大臣は、この法律の施行に必要な限度において、事業者に対し、必要な報告を求め、その職員に、当該事業者の事務所、事業所その他その事業を行う場所に立ち入り、必要な調査若しくは質問をさせ、又は調査に必要な限度において当該事業者の供給する物品を集取させることができる。ただし、物品を集取させるときは、時価によってその対価を支払わなければならない。
2　前項の規定により立入調査、質問又は集取をする職員は、その身分を示す証明書を携帯し、関係者の請求があるときは、これを提示しなければならない。
3　第一項の規定による権限は、犯罪捜査のために認められたものと解釈してはならない。

　　第六章　雑則
（権限の委任）
第二十三条　内閣総理大臣は、前条第一項の規定による権限その他この法律の規定による権限（政令で定めるものを除く。）を消費者庁長官に委任する。
2　前項の規定により消費者庁長官に委任された前条第一項の規定による権限に属する事務の一部は、政令で定めるところにより、都道府県知事又は消費生活センターを置く市町村の長が行うこととすることができる。
（事務の区分）
第二十四条　前条第二項の規定により地方公共団体が処理することとされている事務は、地方自治法（昭和二十二年法律第六十七号）第二条第九項第一号に規定する第一号法定受託事務とする。
（内閣府令への委任）
第二十五条　この法律に定めるもののほか、この法律の実施のため必要な事項は、内閣府令で定める。
（経過措置）
第二十六条　この法律の規定に基づき命令を制定し、又は改廃する場合においては、その命令で、その制定又は改廃に伴い合理的に必要と判断される範囲内において、所要の経過措置（罰則に関する経過措置を含む。）を定めることができる。

　　第七章　罰則
第二十七条　次の各号のいずれかに該当する者は、三年以下の懲役若しくは三百万円以下の罰金に処し、又はこれを併科する。
　一　第十八条第一項の規定による禁止又は制限に違反した者
　二　第十九条の規定による命令に違反した者

第二十八条　第十七条第二項の規定による命令に違反した者は、一年以下の懲役若しくは百万円以下の罰金に処し、又はこれを併科する。

第二十九条　第二十二条第一項の規定による報告をせず、若しくは虚偽の報告をし、又は同項の規定による立入調査若しくは集取を拒み、妨げ、若しくは忌避し、若しくは質問に対して答弁をせず、若しくは虚偽の答弁をした者は、五十万円以下の罰金に処する。

第三十条　法人の代表者又は法人若しくは人の代理人、使用人その他の従業者が、その法人又は人の業務に関して、次の各号に掲げる規定の違反行為をしたときは、行為者を罰するほか、その法人に対して当該各号に定める罰金刑を、その人に対して各本条の罰金刑を科する。

一　第二十七条及び第二十八条　一億円以下の罰金刑
二　前条　同条の罰金刑

　　附　則
（施行期日）
1　この法律は、消費者庁及び消費者委員会設置法（平成二十一年法律第四十八号）の施行の日から施行する。
（検討）
2　政府は、この法律の施行後三年以内に、消費者被害の発生又は拡大の状況その他経済社会情勢等を勘案し、消費者の財産に対する重大な被害を含め重大事故等の範囲について検討を加え、必要な措置を講ずるものとする。
3　政府は、この法律の施行後五年を経過した場合において、前項に定める事項のほか、この法律の施行の状況について検討を加え、必要があると認めるときは、その結果に基づいて所要の措置を講ずるものとする。
（地方自治法の一部改正）
4　地方自治法の一部を次のように改正する。
　別表第一に次のように加える。

| 消費者安全法（平成二十一年法律第五十号） | 第二十三条第二項の規定により地方公共団体が処理することとされている事務 |

平成 20 年 4 月 23 日
阪田 雅裕

組織形態のあり方と消費者関係法の整備について

○現状

	内閣府	各省庁	（問題点）
	【内閣補助事務】 （内閣府設置法3条1項、4条2項） ○企画・立案、総合調整 「…消費者の利益の擁護及び増進に関する施策その他の内閣の重要政策に関し行政各部の施策の統一を図るために必要となる企画及び立案並びに総合調整に関する事務をつかさどる」	—	⇒ 強力なリーダーシップが発揮されていない（司令塔として機能していない）
	【分担管理事務】 ○企画・立案（内閣府設置法4条3項36号） 「一般消費者の利益の擁護及び増進に関する基本的な政策の企画及び立案並びに推進に関すること」	【分担管理事務】 ○企画・立案（各省庁設置法） 「所掌事務に係る一般消費者の利益の保護に関すること」	⇒ 特に横断的な消費者保護立法についての取組みが不十分
	○法執行 ・消費者基本法 ・消費者契約法 ・製造物責任法　等	○法執行 [安全規制]　[表示規制]　[取引規制] ・消費生活用製品　・食品衛生法　・特商法 　安全法　　　　　・JAS法　　　・金融商品販売法 ・家庭用品有害物　・景表法　　　　　等 　質規制法　　　　　等 ・建築基準法 　等 [事業規制] ・旅行業法 ・宅建業法 ・貸金業法　等	⇒ 権限にすき間が生じる ・責任が不明確 ・権限の不行使ないし権限行使の迅速性の欠如 ・業界に軸足を置いた法執行 （消費者の声が反映され難い）

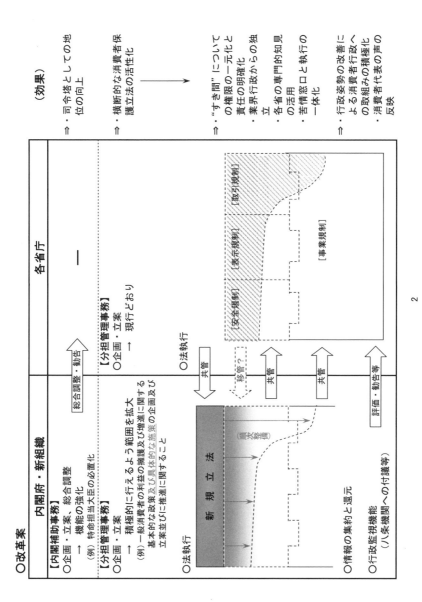

国会において修正された事項

1．消費者庁設置法

修正項目			政府案	修正
題名			消費者庁設置法	消費者庁及び消費者委員会設置法
任務規定			—	消費者の権利の尊重等を追加（第3条）
関係行政機関の協力			「関係行政機関の協力」として規定	要求権限である旨を明確化するため、見出しを「資料の提出要求等」に変更（第5条）
消費者政策委員会（消費者委員会）	名称		消費者政策委員会	消費者委員会
	位置付け		消費者庁に設置	内閣府に設置（第6条）
	委員	独立性	—	委員は、独立してその職権を行う。（第7条）
		人数	15人以内	10人以内（第9条）
		勤務形態	非常勤	非常勤
				2年以内の常勤化を図ることを検討（附則第2項）
				委員の内3名については常勤的に務めることが可能となるように人選（与野党合意）（衆・附帯5、参・附帯7）
		登用	—	民間から登用（衆・附帯4、参・附帯6）
	権限		—	関係行政機関の長に対する資料提出要求（第8条）
			①諮問に応じ重要事項を調査審議	①内閣総理大臣、各省大臣に建議（第6条第2項第1号）
			②内閣総理大臣、各省大臣に意見	②諮問に応じ重要事項を調査審議（同条項第2号）
			③—	③消費者安全法20条による内閣総理大臣への勧告及び報告要求を特記（同条項第3号）
	事務局		—	多様な専門分野にわたる民間からの登用（衆・附帯8、参・附帯11）

＊附則等に規定された事項

所管法律	3年以内に消費者関連法律についての消費者庁の関与の在り方を見直し（附則第3項）
体制整備	消費者庁・委員会・国民生活センターの更なる体制整備を検討（附則第3項）
地方消費者行政	3年以内に国が行う支援のあり方について所要の法改正を含む全般的な検討を加える（附則第4項）（参・附帯30）

	地方交付税措置を活用しつつ、基金を上積みし、支援対象の拡充（「集中育成・強化期間」において増大する業務に係る人件費等）等により相談員の処遇改善を図るとともに、消費生活センターの設置、相談員の配置・処遇等の望ましい姿について消費者委員会で検討（与野党合意）（衆・附帯19、参・附帯24）
適格消費者団体への支援	3年以内に国の支援の在り方について見直し（附則第5項）（衆・附帯22、参・附帯29）
被害者救済等	3年を目途に加害者の財産の隠匿又は散逸の防止に関する制度を含め多数の消費者に被害を生じさせた者の不当な収益をはく奪し、被害者を救済するための制度について検討（附則第6項）（参・附帯31）

2．消費者庁設置法の施行に伴う関係法律の整備に関する法律

修正項目	政府案	修正
特命担当大臣の総合調整権限	—	特命担当大臣による消費者行政に関する総合調整機能の発揮を明確化するために修正（内閣府設置法第4条第1項）（衆・附帯20、参・附帯25）

3．消費者安全法

修正項目	政府案	修正
情報の収集・開示	—	国及び地方公共団体の責務に追加（第4条3項）
	結果の概要の公表	結果の公表（第13条第3項）
	—	上記を国会報告（第13条第4項）
消費者教育	—	国及び地方公共団体の責務に追加（第4条6項）消費者教育の推進については、消費者庁が司令塔機能を果たす（参・附帯16）
関係行政機関の協力	「関係行政機関の協力」として規定	要求権限である旨を明確化するため、見出しを「資料の提出要求等」に変更（第14条）
消費者委員会の権限	内閣総理大臣への意見	内閣総理大臣への勧告（第20条第1項）
		内閣総理大臣に対する報告要求等（同条第2項）
重大事故等の範囲	—	3年以内に財産に対する重大な被害を含め重大事故等の範囲について検討する旨の附則を追加（附則第2項）

執筆者一覧

川戸惠子（かわど・けいこ）	㈱TBS シニアコメンテーター
木村茂樹（きむら・しげき）	元内閣官房消費者行政一元化準備室参事官
阪田雅裕（さかた・まさひろ）	弁護士 元内閣法制局長官
佐々木毅（ささき・たけし）	元東京大学総長
中村邦夫（なかむら・くにお）	パナソニック㈱相談役 元パナソニック㈱代表取締役会長
中山弘子（なかやま・ひろこ）	特定適格消費者団体 消費者機構日本会長 前新宿区長
原　早苗（はら・さなえ）	元内閣府消費者委員会事務局長
松本恒雄（まつもと・つねお）	独立行政法人 国民生活センター理事長 元一橋大学教授
松山健士（まつやま・けんじ）	㈱日本総合研究所顧問 元内閣府事務次官　元内閣官房消費者行政一元化準備室室長
吉岡和弘（よしおか・かずひろ）	弁護士 適格消費者団体 消費者市民ネットとうほく理事長 日本弁護士連合会消費者問題対策委員会元委員長

消費者庁・消費者委員会創設に込めた想い

2017年10月31日　初版第1刷発行

編 著 者	原　　　早　苗	
	木　村　茂　樹	
発 行 者	塚　原　秀　夫	
発 行 所	㈱商 事 法 務	

〒103-0025 東京都中央区日本橋茅場町 3-9-10
TEL 03-5614-5643・FAX 03-3664-8844〔営業部〕
TEL 03-5614-5649〔書籍出版部〕
https://www.shojihomu.co.jp/

落丁・乱丁本はお取り替えいたします。
© 2017 Sanae Hara, Shigeki Kimura
Shojihomu Co., Ltd.
ISBN978-4-7857-2564-8

印刷／広研印刷㈱
Printed in Japan

＊定価はカバーに表示してあります。

|JCOPY|〈出版者著作権管理機構　委託出版物〉
本書の無断複製は著作権法上での例外を除き禁じられています。
複製される場合は、そのつど事前に、出版者著作権管理機構
（電話 03-3513-6969、FAX 03-3513-6979、e-mail: info@jcopy.or.jp）
の許諾を得てください。